KB214061

매일 위대해지는 글쓰기

쓰

저자 **최승한**

경인교육대학교 국어교육과를 졸업하고, 서울교육대학교에서 국어교육 석사 학위를 받았습니다. 서울 창림초등학교와 운현초등학교 교사로 있었으며, 서울교육대학교 초등국어교육연구소와 한국교과서연구재단의 연구원을 지냈습니다. 2009 개정 교육과정과 2015 개정 교육과정 초등학교 국어 교과서를 집필하였고, 2022 개정 교육과정 국어 교과서 집필에 참여했습니다. 또, 유치원, 초등학교, 도서관에서 학부모를 대상으로 한글 및 독서·논술 교육 강사로 활동하고 있습니다.

지은 책으로 『미리 보고 개념 잡는 초등 독서감상문 쓰기』, 『안중근: 이야기 교과서 인물』, 『한글을 깨치는 비법 한깨비 한글 공부 1~5』, 『초등 글쓰기 무작정 따라하기: 첫걸음 편』, 『책 읽어주기의 힘』 등이 있습니다.

- 블로그: https://blog.naver.com/tomatovirus1
- 이메일: tomatovirus@hanmail.net

매일 위대해지는 글쓰기
씀 초등 1단계

초판 1쇄 인쇄 2023년 10월 4일
초판 1쇄 발행 2023년 10월 13일

지은이 최승한
발행인 박효상 | **편집장** 김현 | **기획·편집** 장경희, 김효정
디자인 임정현 | **마케팅** 이태호, 이전희 | **관리** 김태옥
교정·교열 진행 박나리 | **내지 디자인** 페이지트리 | **삽화** 권석란

종이 월드페이퍼 | **인쇄·제본** 예림인쇄·바인딩 | **출판등록** 제10-1835호
펴낸 곳 사람in | **주소** 04034 서울시 마포구 양화로11길 14-10(서교동) 3F
전화 02) 338-3555(代) **팩스** 02) 338-3545 | **E-mail** saramin@netsgo.com
Website www.saramin.com

책값은 뒤표지에 있습니다.
파본은 바꾸어 드립니다.
ⓒ 최승한 2023

ISBN 979-11-7101-011-0 64710
     979-11-7101-010-3 (set)

어린이제품안전특별법에 의한 제품표시	
제조자명 사람in	**전화번호** 02-338-3555
제조국명 대한민국	**주 소** 서울시 마포구 양화로
사용연령 5세 이상 어린이 제품	11길 14-10 3층

우아한 지적만보, 기민한 실사구시 **사람in**

매일 위대해지는 글쓰기

초등 1 단계

쓸

최승한 지음

사람in
saram
in.com

"책은 잘 읽는데 글을 제대로 못 써요. 글쓰기가 너무 어려운 것 같아요. 글을 잘 쓰려면 어떻게 해야 할까요?"

많은 아이가 글쓰기를 어려워합니다. 공부를 잘하는 아이도 글은 제대로 쓰기 어렵다며 볼멘소리를 냅니다. 왜일까요? 왜 이렇게 글쓰기가 어려울까요? 이유는 당연합니다. '듣기·말하기·읽기·쓰기' 가운데 쓰기를 가장 늦게 배우고 배울 시간도 다른 영역에 비해 현저히 부족하기 때문입니다.

아이는 배 속에 있을 때부터 부모의 말을 듣습니다. 또, 많은 부모가 아이에게 책을 읽어 줌으로써 아이는 읽기를 시작합니다. 하지만 쓰기는 그렇지 않습니다. 쓰기는 일단 어느 정도 아이의 성장이 이루어진 다음에야 시작됩니다. 아이가 연필을 잡을 힘이 있어야 하고, 글자를 또박또박 쓰려면 미세한 근육 발달이 이루어져야 합니다. 낱자, 낱말, 구, 절, 문장, 문단, 글까지 쓰는 과정은 꽤 오랜 시간이 걸립니다.

하지만 많은 부모가 '아이가 말을 하는 만큼만 글을 쓰면 될 것 같은데'라는 생각을 합니다. 배운 시간이 부족하기 때문에 못하는 게 당연한데 '말'처럼 잘하라는 부모의 생각은 이치에 닿지 않습니다. 말과 쓰기는 다르기 때문입니다.

쓰기는 듣기·말하기·읽기처럼 시간과 노력이 필요한 학문입니다. 보통 쓰기를 시작하는 나이는 '빠르면 5·6세, 늦으면 8세 정도'입니다. 아이가 쓰기를 시작할 때 보통 6~7년의 시간 동안 듣기, 말하기, 읽기를 이미 연습했다고 보면 됩니다. 그러므로 쓰기에 어느 정도 실력이 쌓이려면 듣기, 말하기, 읽기를 한 시간만큼, 아니 그보다 더 오랜 시간 연습이 필요합니다.

이 교재는 아이가 쓰기를 꾸준히 연습하도록 만들어졌습니다.

요즘 '아이가 매일 글을 쓸 수 있도록 돕는 책'이 많이 나왔습니다. 하지만 글쓰기도 체계적인 연습이 필요합니다. 글쓰기의 체계를 배우며 꾸준히 쓴다면 더 빠른 쓰기 능력의 성장이 가능합니다.

이 책을 매일 2쪽에서 4쪽씩 꾸준히 연습하고, 글쓰기의 재미를 알아 가다 보면 우리가 흔히 말하는 어떤 장르의 글이든 쓸 수 있는 실력을 갖출 수 있습니다. 이 책을 통해 쓰기의 기초를 잡고 올바르고 재미있는 쓰기를 해 나가기 바랍니다.

최승한

이 책은 이렇게

〈매일 위대해지는 글쓰기 씀〉을 통해 글쓰기의 기초를 차근차근 알고 단계별로 여러 종류의 글쓰기를 해 볼 수 있습니다.

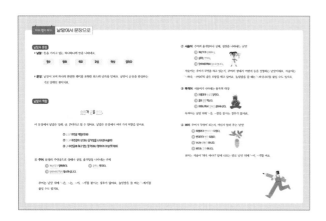

미리 알아 두기

낱말과 문장의 의미, 종류 등을 미리 알려 주어 책의 내용을 더 잘 이해하고 연습할 수 있게 합니다.

이것을 배워요!

해당 단원에서 어떤 내용을 배우는지 간단히 정리해 줍니다.

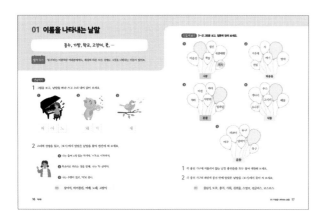

본격 글쓰기 연습

낱말부터 문장과 문단까지 다양한 종류의 글쓰기를 '연습하기'와 '직접 써 보기' 코너를 통해 차근차근 연습합니다.

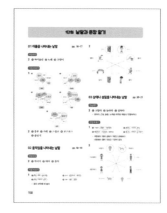

답안 가이드

문제의 정답과 예시 답안을 제공합니다. 답에 관한 추가 설명과 함께 부모님이 지도할 때 참고할 내용도 함께 실었습니다.

오늘은 여기까지

매일매일 꾸준히 공부한 날짜를 표시하면서 한 권을 제대로 끝내 보세요!

미리 알아 두기 1	
날짜	확인
_____월 _____일	

1단원		
유닛	날짜	확인
01	_____월 _____일	
02	_____월 _____일	
03	_____월 _____일	
04	_____월 _____일	
05	_____월 _____일	
06	_____월 _____일	
07	_____월 _____일	

2단원		
유닛	날짜	확인
01	_____월 _____일	
02	_____월 _____일	
03	_____월 _____일	
04	_____월 _____일	
05	_____월 _____일	
06	_____월 _____일	
07	_____월 _____일	

3단원		
유닛	날짜	확인
01	_____월 _____일	
02	_____월 _____일	
03	_____월 _____일	
04	_____월 _____일	
05	_____월 _____일	
06	_____월 _____일	
07	_____월 _____일	
08	_____월 _____일	
09	_____월 _____일	
10	_____월 _____일	

4단원		
유닛	날짜	확인
01	_____월 _____일	
02	_____월 _____일	
03	_____월 _____일	
04	_____월 _____일	
05	_____월 _____일	
06	_____월 _____일	
07	_____월 _____일	
08	_____월 _____일	
09	_____월 _____일	
10	_____월 _____일	

5단원		
유닛	날짜	확인
01	_____월 _____일	
02	_____월 _____일	
03	_____월 _____일	

미리 알아 두기 2	
날짜	확인
_____월 _____일	

6단원		
유닛	날짜	확인
01	_____월 _____일	
02	_____월 _____일	
03	_____월 _____일	
04	_____월 _____일	

7단원		
유닛	날짜	확인
01	_____월 _____일	
02	_____월 _____일	
03	_____월 _____일	
04	_____월 _____일	
05	_____월 _____일	

낱말에서 문장으로

낱말과 문장

▷ **낱말**: 뜻을 가지고 있는 하나하나의 말을 나타내요.

| 철수 | 영희 | 학교 | 교실 | 책상 | 달리다 |

▷ **문장**: 낱말이 모여 하나의 완전한 의미를 표현한 최소의 단위를 말해요. 낱말이 문장을 완성하는 기본 단위인 셈이지요.

낱말의 역할

승화가 글을 쓴다.

이 문장에서 낱말은 '승화, 글, 쓴다'라고 할 수 있어요. 낱말은 문장에서 여러 가지 역할을 맡아요.

① 승화: 주인공 역할(주어)

② 쓴다: 주인공의 상태나 움직임을 나타냄(서술어)

③ 글: 주인공이 하고 있는 동작이나 행위의 대상(목적어)

① **주어**: 문장의 주인공으로 상태나 성질, 움직임을 나타내는 주체

예 계산기가 정확하다.   예 승희는 멋지다.

예 할아버지께서 청소하십니다.

주어는 낱말 뒤에 '~은, ~는, ~이, ~가'를 붙이는 경우가 많아요. 높임말을 쓸 때는 '~께서'를 붙일 수도 있지요.

② **서술어**: 주어의 움직임이나 상태, 성질을 나타내는 낱말

예 계산기가 <u>정확하다</u>.

예 승희는 <u>멋지다</u>.

예 할아버지께서 <u>청소하십니다</u>.

서술어는 주어가 무엇을 하고 있는지, 주어의 상태가 어떤지 등을 설명하는 낱말이에요. 서술어는 '~하다, ~(이)다'와 같은 모양을 하고 있어요. 높임말을 쓸 때는 '~하십니다'를 붙일 수도 있지요.

③ **목적어**: 서술어가 나타내는 동작의 대상

예 자동차가 <u>도로</u>를 달린다.

예 곰이 <u>꿀</u>을 먹는다.

예 어머니께서 <u>김치</u>를 좋아하신다.

목적어는 낱말 뒤에 '~을, ~를'을 붙이는 경우가 많아요.

④ **보어**: 주어가 '무엇이' 되는지, 아닌지 알려 주는 낱말

예 애벌레가 <u>번데기</u>가 되었다.

예 번데기가 <u>벌</u>이 되었다.

예 누나는 <u>오빠</u>가 아니다.

예 바다는 <u>강</u>이 아니다.

보어는 서술어 '되다, 아니다' 앞에 나오는 말로 낱말 뒤에 '~이, ~가'를 써요.

문장의 종류

여러 가지 낱말, 즉 '주어, 서술어, 목적어, 보어' 등이 모여서 문장을 만들어요. 이러한 문장에 피자 토핑을 얹는 것처럼 여러 가지 꾸밈말을 넣어서 생생하고 구체적인 문장을 만들 수 있지요.

① **평서문**: 평범하게 풀이하는 문장. 뒤에 마침표(.)가 와요.

　　예 나는 뛴다. / 영희는 책을 읽는다.

② **의문문**: 물어보는 문장. 뒤에 물음표(?)가 와요.

　　예 너는 뛰었니? / 영희는 책을 읽니?

③ **명령문**: '~해라'처럼 듣는 이에게 행동을 요구하는 문장

　　예 운동장을 뛰어라. / 설거지 좀 해라.

④ **청유문**: '~하자'처럼 듣는 이에게 함께 하자고 부탁하거나 권하는 문장

　　예 축구를 같이 하자. / 밥을 같이 먹자.

⑤ **감탄문**: 감탄하는 자신의 느낌을 표현하는 문장. 뒤에 보통 느낌표(!)가 와요.

　　예 아름다워라! / 기분 좋다!

⑥ **부정문**: '~ 아니다'처럼 부정하는 표현이 들어간 문장

　　예 영희는 첫째가 아니다. / 나는 뛰지 않을 거야.

이어 주는 말

낱말과 낱말, 문장과 문장을 이어서 글을 더 풍부하게 만들어요.

① **낱말과 낱말 연결**

　　예 연필과 지우개, 꽃이나 나무

② 문장과 문장 연결

예 승연이는 미술관에 갔다. + 승철이는 도서관에 갔다.

→ 승연이는 미술관에 갔다. 그리고 승철이는 도서관에 갔다.

→ 승연이는 미술관에 갔고, 승철이는 도서관에 갔다.

원래 한 문장에는 하나의 뜻만 들어가요. 주어와 서술어가 한 번씩만 등장하죠. 하지만 '이어지는 말'을 통해 문장과 문장을 연결하면 하나의 문장에 여러 개의 주어와 서술어를 넣을 수도 있어요.

이어 주는 말의 종류

① **그리고, 또:** 앞의 내용과 같거나 비슷한 내용 연결

예 아름이는 기차를 탔다. 그리고 형철이는 버스를 탔다.

→ 아름이는 기차를 탔고, 형철이는 버스를 탔다.

② **그러나, 하지만, 그런데:** 앞의 내용과 반대되거나 어긋나는 내용 연결

예 하늘이는 공을 찼다. 그러나 그것이 골로 연결되지는 않았다.

→ 하늘이는 공을 찼지만, 그것이 골로 연결되지는 않았다.

③ **그래서, 따라서:** 원인(앞 문장)과 결과(뒤 문장)로 연결

예 현우는 공부를 열심히 했다. 그래서 백점을 맞았다.

→ 현우는 공부를 열심히 해서 백점을 맞았다.

④ **왜냐하면:** 결과(앞 문장)와 원인(뒤 문장)으로 연결

예 우영이는 머리가 아팠다. 왜냐하면 아이스크림을 너무 빨리 먹었기 때문이다.

⑤ **그러면:** 앞 문장이 뒤 문장의 조건일 때 연결

예 문을 두드리렴. 그러면 문을 열어 줄게.

낱말과 문장 알기

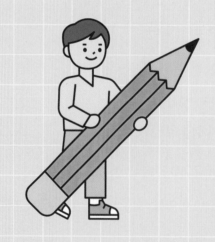

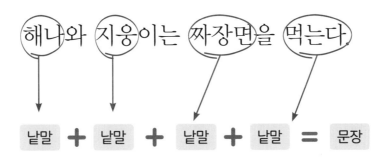

'해나, 지웅, 짜장면, 먹다' 등을 낱말이라고 해요. 낱말은 혼자 쓸 수 있는 '뜻을 가진 가장 작은 단위'의 말이에요.

낱말은 여러 가지 종류로 나눌 수 있어요. 크게 '이름을 나타내는 말, 움직임을 나타내는 말, 상태나 성질을 나타내는 말, 모양이나 소리를 나타내는 말' 등이 있죠. 이러한 낱말이 모여서 문장을 만들어요.

01 이름을 나타내는 낱말

동수, 가방, 학교, 고양이, 꽃, …

 알아 두기 '동수'라는 이름처럼 여러분에게도, 세상의 다른 모든 것에도 그것을 나타내는 이름이 있어요.

연습하기

1 그림을 보고, 낱말을 따라 쓰고 소리 내어 읽어 보세요.

피	아	노

돼	지

새

2 소녀의 설명을 읽고, 〈보기〉에서 알맞은 낱말을 찾아 빈칸에 써 보세요.

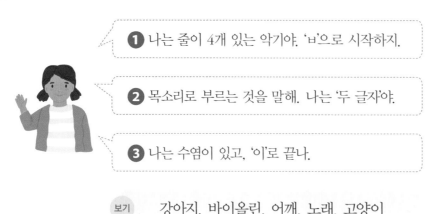

❶ 나는 줄이 4개 있는 악기야. 'ㅂ'으로 시작하지.

❷ 목소리로 부르는 것을 말해. 나는 '두 글자야.

❸ 나는 수염이 있고, '이'로 끝나.

보기 강아지, 바이올린, 어깨, 노래, 고양이

직접 써 보기 [1~2] 그림을 보고, 질문에 답해 보세요.

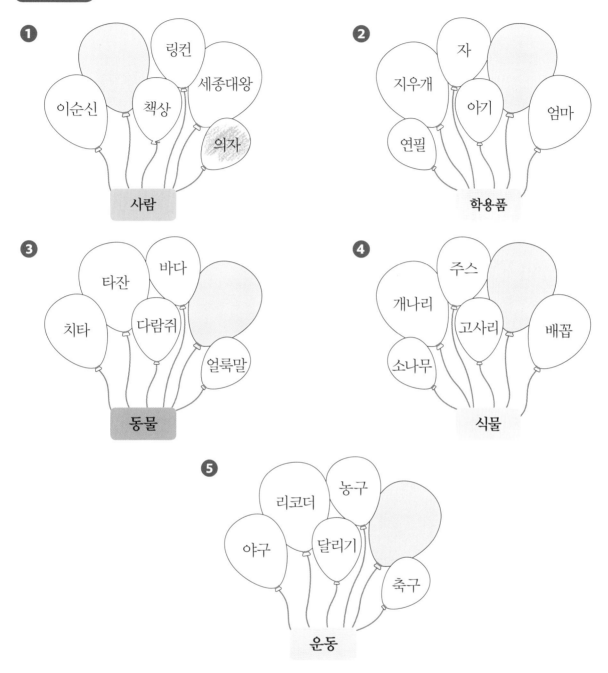

❶
링컨
세종대왕
이순신
책상
의자
사람

❷
자
지우개
아기
엄마
연필
학용품

❸
바다
타잔
다람쥐
치타
얼룩말
동물

❹
주스
개나리
고사리
배꼽
소나무
식물

❺
농구
리코더
달리기
야구
축구
운동

1 각 풍선 기구에 어울리지 않는 낱말 풍선들을 모두 찾아 색칠해 보세요.

2 각 풍선 기구의 파란색 풍선 안에 알맞은 낱말을 〈보기〉에서 찾아 써 보세요.

보기   줄넘기, 도로, 흥부, 가위, 신호등, 스컹크, 선글라스, 코스모스

02 움직임을 나타내는 낱말

먹다, 가다, 내리다, 그리다, 붙이다, …

 알아 두기　'먹다', '가다'처럼 사람이나 동식물, 사물의 움직임을 나타내는 낱말도 있어요.

연습하기

1 그림을 보고, 낱말을 따라 쓰고 소리 내어 읽어 보세요.

❶
수	영	하	다

❷
달	리	다

❸
날	다

2 소년의 설명을 읽고, 〈보기〉에서 알맞은 낱말을 찾아 빈칸에 써 보세요.

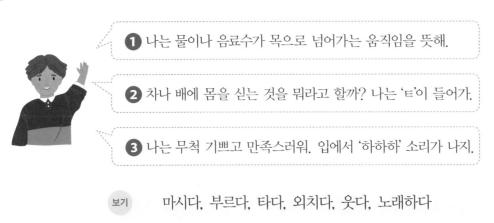

❶ 나는 물이나 음료수가 목으로 넘어가는 움직임을 뜻해.

❷ 차나 배에 몸을 싣는 것을 뭐라고 할까? 나는 'ㅌ'이 들어가.

❸ 나는 무척 기쁘고 만족스러워. 입에서 '하하하' 소리가 나지.

보기　마시다, 부르다, 타다, 외치다, 웃다, 노래하다

【직접 써 보기】

1 〈보기〉처럼 비슷한 의미를 가진 낱말끼리 묶어 보세요.

보기 (노래하다 부르다) 사다

❶ 깨다 자다 일어나다   ❷ 놀다 공부하다 배우다

❸ 쓰다 지우다 적다   ❹ 접다 펴다 깔다

2 뜻이 반대인 그림을 선으로 연결하고, 〈보기〉에서 알맞은 낱말을 찾아 빈칸에 써 보세요.

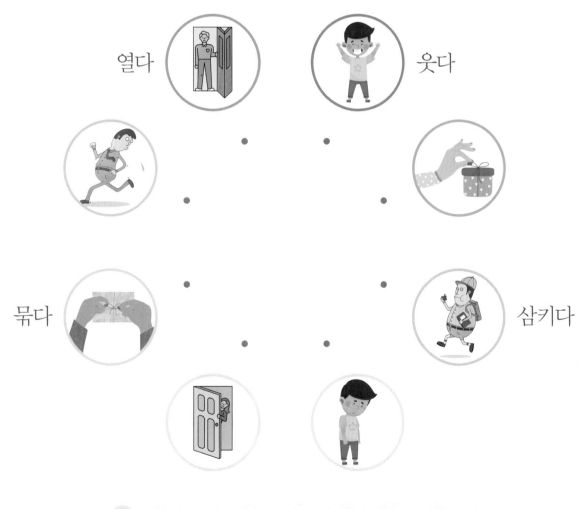

열다   웃다

묶다   삼키다

보기   닫다, 울다, 풀다, 뱉다

03 상태나 성질을 나타내는 낱말

부지런하다, 느리다, 기쁘다, 착하다, 예쁘다, …

 알아 두기   '부지런하다', '느리다'처럼 사람이나 동식물, 사물의 현재 상태나 성질을 나타내는 낱말이 있어요. 상황을 설명하는 데 쓰기도 해요.

연습하기

1   그림을 보고, 낱말을 따라 쓰고 소리 내어 읽어 보세요.

| 멋 | 지 | 다 |

| 슬 | 프 | 다 |

| 부 | 드 | 럽 | 다 |

2   소녀의 설명을 읽고, 〈보기〉에서 알맞은 낱말을 찾아 빈칸에 써 보세요.

❶ 오빠가 내 숙제를 도와주고 있어. 나는 오빠에게 이런 마음이야. 'ㄱ'이 들어가지.

❷ 100점을 처음 맞았을 때 아이의 마음이야. 깜짝 ○○○.

❸ 슬픈 마음과 비슷해. 별로 기분이 좋지 않을 때 사용해. 'ㅅ'이 한 개 들어가지.

보기   상하다, 기쁘다, 즐겁다, 놀라다, 고맙다

1 〈보기〉처럼 비슷한 의미를 가진 낱말끼리 묶어 보세요.

보기 　　　　(쌀쌀하다　춥다)　사다

❶ 무겁다　가볍다　가뿐하다　　　　❷ 빨갛다　푸르다　붉다

❸ 피곤하다　나른하다　경쾌하다　　　❹ 둥글다　각지다　동그랗다

2 뜻이 반대인 그림을 선으로 연결하고, 〈보기〉에서 알맞은 낱말을 찾아 빈칸에 써 보세요.

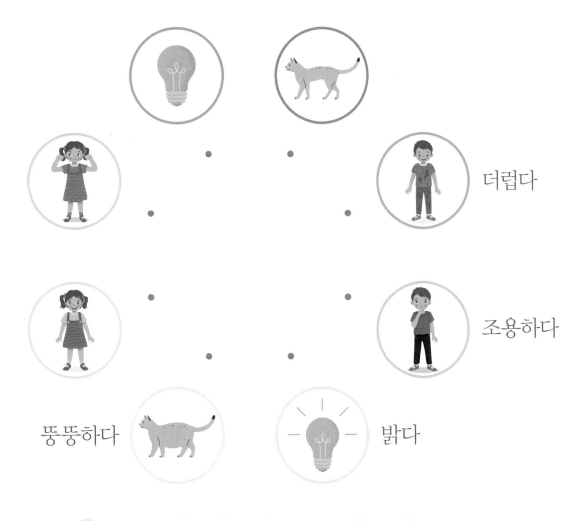

더럽다

조용하다

뚱뚱하다　　　　　밝다

보기 　　　어둡다, 깨끗하다, 마르다, 시끄럽다

04 모양이나 소리를 흉내 내는 낱말

뒤뚱뒤뚱, 퐁당퐁당, 깡충깡충, 하하, 호호, …

 알아 두기 '뒤뚱뒤뚱', '퐁당퐁당'처럼 사람이나 사물의 움직임과 모양, 소리를 흉내 내는 낱말이 있어요. 모양이나 소리를 흉내 내는 낱말은 문장을 재미있게 꾸며 줄 수 있죠.

연습하기

1 그림을 보고, 낱말을 따라 쓰고 소리 내어 읽어 보세요.

| 바 | 스 | 락 | | 하 | 하 | 하 | | 나 | 풀 | 나 | 풀 |

2 소년의 설명을 읽고, 〈보기〉에서 알맞은 낱말을 찾아 빈칸에 써 보세요.

❶ 연못에 돌을 던지면 어떤 소리가 날까?

❷ 새가 날개를 치며 날아가는 소리야. 'ㅎ'으로 시작하는 세 글자 낱말이야.

❸ 오리 엉덩이가 씰룩씰룩 흔들려. 오리는 어떻게 걷고 있니?

보기   뒤뚱뒤뚱, 후루룩, 으쓱으쓱, 퐁당퐁당, 우당탕

직접 써 보기

1 그림을 보고, 알맞은 낱말을 〈보기〉에서 찾아 빈칸에 써 보세요.

보기　　벌컥벌컥, 주룩주룩, 소곤소곤, 쓱싹, 드르렁, 후루룩, 펄럭펄럭

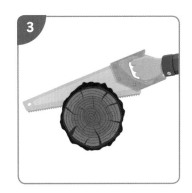

05 여러 가지 낱말 익히기

춤추다 / 즐겁다   마시다 / 다르다

 다양한 낱말 중에 '움직임을 나타내는 낱말'과 '상태나 성질을 나타내는 낱말'을 잘 구분해야 해요. '춤추다'는 움직임을, '즐겁다'는 상태를 나타내는 낱말로 성격이 서로 달라요.

연습하기

1 그림을 보고, 〈보기〉에서 알맞은 낱말을 찾아 빈칸에 한 글자씩 써 보세요.

보기   크다, 기쁘다, 춤추다, 즐겁다, 덩실덩실, 자다, 짝짝, 치다

직접 써 보기

1 설명이나 그림을 보고, 낱말 퍼즐을 풀어 보세요.

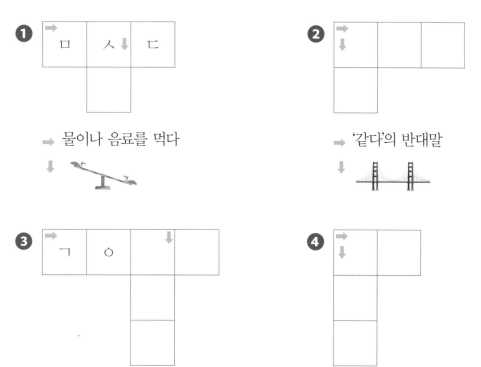

① ㅁ ㅅ↓ ㄷ

➡ 물이나 음료를 먹다
⬇ (시소 그림)

② ➡⬇

➡ '같다'의 반대말
⬇ (다리 그림)

③ ㄱ ㅇ ⬇

➡ 무엇을 보려고 고개를 이쪽저쪽
으로 기울이는 모양
⬇ 동식물을 보살펴 자라게 하다

④ ➡⬇

➡ 물이 흐르는 소리
예) 시냇물이 ○○ 흐르다.
⬇ 자고 싶은 느낌이 들다

2 〈보기〉에 제시된 낱말로 끝말잇기 놀이를 해 보세요.

보기   다리미, 음매, 미끄럽다, 마시다, 다음

이름을 나타내는 낱말 **하마**	➡	움직임을 나타내는 낱말	➡	이름을 나타내는 세 글자 낱말

⬇

모양이나 소리를 흉내 내는 낱말	⬅	'어떤 차례의 바로 뒤'를 나타내는 낱말	⬅	상태나 성질을 나타내는 낱말

06 문장 알기

하늘이 푸르다.   동물들이 운동회를 한다.

 알아 두기 여러 가지 낱말이 순서에 맞게 모여야 제대로 된 문장이 돼요. '푸르다 하늘'은 낱말이 모였지만, 낱말이 순서에 맞지 않기 때문에 문장이라고 부를 수 없어요.

연습하기

1 〈보기〉에서 알맞은 낱말을 찾아 빈칸에 한 글자씩 넣어 문장을 완성해 보세요.

> **보기** 뻘뻘, 코끼리, 푸릅니다, 웁니다,
> 하마, 삐익, 웃습니다

❶ ☐☐☐ 와 ☐☐ 는 달리기 시합을 합니다.

❷ 토끼와 여우는 ☐☐☐ .

❸ 사슴과 너구리는 마주 보며 ☐☐☐☐ .

❹ 하늘은 ☐☐☐☐ .

❺ 기린이 호루라기를 ☐☐ 불었습니다.

❻ 판다는 땀을 ☐☐ 흘립니다.

직접 써 보기

1 그림을 보고, 〈보기〉에서 알맞은 낱말을 찾아 빈칸에 써 보세요.

보기　　　연못, 고추, 연다, 엉금엉금, 뛰어들었다, 춥다

_____ 가 맵다.

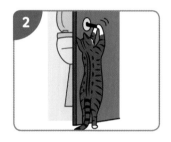

고양이가 문을 _____ .

날씨가 _____ .

거북이가 _____ 기어간다.

개구리가 _____ 에 첨벙 _____ .

07 여러 가지 낱말로 문장 만들기

태완이가 웃는다.
　　주어　　　 서술어

닭이 알을 낳았다.
주어　목적어　 서술어

알아 두기 문장은 기본적으로 주어와 서술어 순서로 이루어져요. 서술어가 하는 어떤 동작의 대상이 필요할 때는 주어와 서술어 사이에 그 대상이 되는 낱말을 넣는데, 이것을 '목적어'라고 해요.

연습하기

1 그림을 보고, 주어진 낱말을 조합해서 문장을 완성해 보세요.

❶　　하늘에서 / 내립니다 / 비가　➡ 하늘에서 _____ .

❷　　김밥을 / 먹습니다 / 돼지가　➡ _____ .

❸　여우가 / 토끼와 / 뜁니다 / 헐레벌떡　➡ 토끼와 _____ .

❹　개구리가 / 연못의 / 웁니다 / 개굴개굴　➡ 연못의 _____ .

1 밑줄 친 부분을 〈보기〉에 있는 낱말로 바꾸어 문장을 다시 써 보세요.

> 보기   달립니다, 옵니다, 짜장면을

❶ 하늘에서 눈이 <u>내립니다</u>.　➡ --

❷ 윤지는 <u>햄버거를</u> 먹습니다.　➡ --

❸ 수연이와 은지는 갑자기 냅다 <u>뜁니다</u>.　➡ --

2 〈보기〉처럼 주어진 낱말을 조합하여 문장을 만들어 보세요.

> 보기　　썼다 / 선글라스를 / 철수가 ➡ **철수가 선글라스를 썼다.**

❶　　　　맑다 / 물이　　　➡ --

❷　　　효규는 / 아낀다 / 연필을　➡ --

❸　하늘이가 / 먹었다 / 피자를 / 우걱우걱 ➡ --

3 〈보기〉처럼 괄호에 주어진 낱말을 이용해서 문장을 만들어 보세요.

> 보기　　(토끼, 들판, 뛰었다) ➡ **토끼가 들판을 뛰었다.**

❶ (지훈, 글자, 쓴다)　➡ --

❷ (여우, 책, 읽는다)　➡ --

❸ (찌개, 보글보글, 끓는다)　➡ --

❹ (별, 반짝반짝, 빛난다)　➡ --

2단원

한 문장 쓰기

이것을 배워요!

문장은 복잡하고 어려워 보이기도 하지만 사실은 간단해요. 기본이 되는 문장에 꾸며 주는 말이 들어가거나 두 개 이상의 문장이 하나로 합쳐지는 경우에 복잡하게 보이는 것이죠.

기본 문장 몇 개만 배우면 나의 생각을 다른 사람에게 쉽게 전달할 수 있어요. 이 단원에서는 여러 가지 기본 문장을 배워 봐요.

01 무엇이 무엇이다

무엇이   무엇이다.

사람이나 동물, 사물이 주로 들어가요.   앞의 '무엇'에 해당하는 것을
'무엇이'는 주로 '~은(는), ~이(가)'로 끝나요.   설명하는 말이 들어가요.

토끼는 동물이다.   개나리는 꽃이다.   철수가 1학년이다.

 앞의 '무엇'과 뒤의 '무엇'에는 동일한 성격을 가진 낱말이 들어가요. '토끼'와 '동물', '개나리'와 '꽃' 모두 비슷한 성격을 나타내는 말인 것처럼요.

연습하기 [1~2] 그림을 보고, 주어진 낱말을 이용해 빈칸에 알맞은 말을 써 보세요.

1

①	②	③

새, 참새, 부엉이, 독수리

❶ ___부엉이___ 는 ___새___ 다.

❷ _____ 는 _____ 다.

❸ _____ 는 _____ 다.

2

①	②	③

진달래, 코스모스, 꽃, 개나리

❶ _____ 는 _____ 이다.

❷ _____ 는 _____ 이다.

❸ _____ 는 _____ 이다.

3 〈보기〉에 있는 말을 이용해 주어진 문장과 같은 문장을 만들어 보세요.

보기   엄마가   과일이다   동물이다   선생님이다   사자는   딸기는
➡ 잠자리는 곤충이다.

❶ _____   ❷ _____

❸ _____

4 〈보기〉와 같은 문장이 되도록 빈칸에 알맞은 말을 괄호에서 골라 써서 문장을 완성해 보세요.

> 보기　　　　　나비는 곤충이다.　　　　저것이 컵이다.

❶ _____ 동물이다.　(벚꽃은 / 백호랑이는 / 스마트폰이)

❷ 1학년은 _____ .　(1학년이 / 어린이다 / 선생님이다)

❸ _____　(바나나는 / 공부는 / 과일이다 / 덥다)

❹ _____　(사이다는 / 책상이 / 음료수이다 / 튼튼하다)

직접 써 보기

1 지금 생각나는 동물이나 공룡, 곤충, 학용품 등을 표에 모두 써 보세요.

분류	종류(이름)	분류	종류(이름)
❶ 동물	반달가슴곰, 판다	❷ 공룡	티라노사우루스
❸ 곤충		❹ 학용품	
❺ 식물		❻ 책	만복이네 떡집

2 위의 표에 적은 것을 이용해 '무엇이 무엇이다' 문장을 만들어 보세요.

❶ _____판다는_____ 동물이다.　❷ _____

❸ _____　❹ _____

❺ _____　❻ _____

02 무엇이 어떠하다

무엇이

문장의 주인이라고 할 수 있어요.

어떠하다.

앞의 '무엇'에 나오는 사람, 동식물,
사물의 '상태나 성질'을 나타내요.

사자가 무섭다.　　무지개는 아름답다.　　마음이 기쁘다.

알아 두기 앞에 나오는 '무엇'을 설명하는 문장으로 '어떠하다'에는 사람, 동식물, 사물의 상태(뜨겁다, 차갑다, 많다 등)나 성질(무섭다, 친절하다, 착하다 등)을 나타내는 낱말이 들어가요.

연습하기 [1~2] 그림을 보고, 주어진 낱말을 이용해 빈칸에 알맞은 말을 써 보세요.

1
❶ ❷

무섭다

❶ _____ 가 _____.

❷ _____ 이 _____.

2
❶ 미현아, 고마워. ❷ 원영아, 분리수거 도와줘서 고마워.

친절하다

❶ _____ 는 _____.

❷ _____ 가 _____.

3 〈보기〉에 있는 말을 이용해 주어진 문장과 같은 문장을 만들어 보세요.

보기 코털이　다람쥐가　이순신 장군님은　귀엽다　용감하다　지저분하다
➡ **연필이 뾰족하다.**

❶ _____　❷ _____

❸ _____

4 〈보기〉와 같은 문장이 되도록 빈칸에 알맞은 말을 괄호에서 골라 써서 문장을 완성해 보세요.

> 보기
>
> 달이 동그랗다.　　　　　노을이 붉다.

❶ _____ 멋있다.　(멋지다 / 코뿔소가 / 아침이다)

❷ 사마귀는 _____.　(날렵하다 / 하마가 / 식물이다)

❸ _____　(아빠는 / 라면은 / 선생님이다 / 맛있다)

　　　　　　　　#잠깐 퀴즈# '선생님이다'는 상태나 성질을 나타낸 표현일까요?

　　　　　　　　　　　　　　　　　　　　　　　요니아 :답

직접 써 보기

1 지금 생각나는 사람이나 사물, 동식물의 상태나 성질을 표에 써 보세요.

	사람, 사물, 동식물	상태나 성질
❶	콜라	차갑다, 달다, 시원하다
❷		
❸		
❹		
❺		

2 위의 표에 적은 것을 이용해 '무엇이 어떠하다' 문장을 만들어 보세요.

❶ 콜라는 ____차갑다____.　❷ _____

❸ _____　❹ _____

❺ _____

03 무엇이 어찌하다

무엇이   어찌하다.

앞의 '무엇'에 해당하는 사람, 사물, 동식물이
어떤 움직임이나 행동을 하는지 나타내요.

학생이 달린다.   강아지가 짖는다.   물이 끓는다.

알아 두기 '어찌하다'에는 앞에 나온 '무엇'의 움직임(날다, 뛰다, 구르다, 울다 등)을 나타내는 말이 들어갈 수 있어요.

연습하기 [1~2] 그림을 보고, 주어진 낱말을 이용해 빈칸에 알맞은 말을 써 보세요.

1
❶   ❷

날아간다

❶ _____ 이 _____ .

❷ _____ 가 _____ .

2
❶   ❷

달린다

❶ _____ 가 _____ .

❷ _____ 이 _____ .

3 〈보기〉에 있는 말을 이용해 주어진 문장과 같은 문장을 만들어 보세요.

보기
가수가   토끼가   꿈틀댄다   뛴다   뱀이   노래한다
➡ 동생이 공부한다.

❶ _____   ❷ _____

❸ _____

4 〈보기〉와 같은 문장이 되도록 빈칸에 알맞은 말을 괄호에서 골라 써서 문장을 완성해 보세요.

> 보기
> 토끼가 넘어진다.　　　창문이 깨진다.

❶ ＿＿＿＿＿＿＿＿＿＿＿＿ 달려간다.　(뛴다 / 호랑이다 / 엄마가)

❷ 개미가 ＿＿＿＿＿＿＿＿＿＿ .　(꼬인다 / 늑대이다 / 진딧물이)

❸ ＿＿＿＿＿＿＿＿＿＿＿＿＿＿＿＿＿　(식물이 / 하늘이 / 맑다 / 자란다)

❹ ＿＿＿＿＿＿＿＿＿＿＿＿＿＿＿＿　(땅이 / 평평하다 / 웃는다 / 경찰관이)

#잠깐 퀴즈# '맑다'는 움직임을 나타낸 표현일까요?

답: 아니요

직접 써 보기

1 지금 생각나는 동물과 그 동물이 어떻게 움직이는지 표에 써 보세요.

동물	움직임	동물	움직임
❶ 타조	뛴다	❷	
❸		❹	
❺		❻	

2 위의 표에 적은 것을 이용해 '무엇이 어찌하다' 문장을 만들어 보세요.

❶ 타조가 ＿＿＿ 뛴다 ＿＿＿ .　❷ ＿＿＿＿＿＿＿＿＿＿＿

❸ ＿＿＿＿＿＿＿＿＿＿＿　❹ ＿＿＿＿＿＿＿＿＿＿＿

❺ ＿＿＿＿＿＿＿＿＿＿＿　❻ ＿＿＿＿＿＿＿＿＿＿＿

04 무엇이 무엇이 되다/아니다

무엇이	무엇이	되다/아니다.
	앞의 '무엇'이 변하거나 바뀐 것을 쓰거나 앞의 '무엇'과 전혀 다른 낱말을 써요.	'되다'는 맨 앞의 '무엇'이 다른 것으로 변할 때, '아니다'는 맨 앞의 '무엇'이 다른 것이 아닐 때 써요.

월요일이 휴일이 되다.　　아버지가 산타가 되다.　　고모는 엄마가 아니다.

알아 두기 '무엇이 무엇이 되다/아니다' 문장에서 앞의 '무엇'과 뒤의 '무엇'은 달라요. 앞의 '무엇'은 문장 맨 뒤의 '되다/아니다'의 주요 대상이고, 뒤의 '무엇'은 그 주요 대상이 변하거나 아닌 것을 말해요.

연습하기 [1~2] 그림을 보고, 주어진 낱말을 이용해 빈칸에 알맞은 말을 써 보세요.

1
되다

➡ 송아지가 ＿＿＿＿＿＿＿＿＿ 가

＿＿＿＿＿＿＿＿＿ .

2
아니다

➡ 형은 ＿＿＿＿＿＿＿＿＿ 가

＿＿＿＿＿＿＿＿＿ .

3 〈보기〉에 있는 말을 이용해 주어진 문장과 같은 문장을 만들어 보세요.

보기
여자는　　　말이　　　망아지가　　　남자가
➡ 아이가 어른이 되다. / 철수는 선생님이 아니다.

❶ ＿＿＿＿＿＿＿＿＿＿＿＿＿＿＿＿＿＿＿＿＿＿＿＿＿ 되다.

❷ ＿＿＿＿＿＿＿＿＿＿＿＿＿＿＿＿＿＿＿＿＿＿＿＿＿ 아니다.

4 〈보기〉와 같은 문장이 되도록 빈칸에 알맞은 말을 괄호에서 골라 써서 문장을 완성해 보세요.

> 보기   반달이 보름달이 되다.   너는 천재가 아니다.

❶ 소녀가 _____ 되다. (어른이 / 자라다 / 포도를)

❷ 자동차는 _____ 아니다. (화물차를 / 스포츠카다 / 기차가)

❸ _____

(커피는 / 학교가 / 아니다 / 콜라가 / 되다)

직접 써 보기

1 지금 생각나는 대상과 그것이 다른 것으로 바뀌었거나 전혀 아닌 것을 모두 표에 써 보세요.

대상	바뀐 것	대상	전혀 아닌 것
❶ 나무	의자	❹ 엄마	아빠
❷		❺	
❸		❻	

2 위의 표에 적은 것을 이용해 '무엇이 무엇이 되다/아니다' 문장을 만들어 보세요.

❶ 나무가 _____의자가_____ 되다.

❷ _____

❸ _____

❹ 엄마는 _____아빠가_____ 아니다.

❺ _____

❻ _____

05 무엇이 무엇과 어떠하다/어찌하다

<table>
<tr><td>무엇이</td><td>무엇과</td><td>어떠하다/어찌하다.</td></tr>
<tr><td></td><td>앞의 '무엇'과 비교하거나 함께 움직이는 대상을 써요.</td><td>'어떠하다'는 앞에 나온 두 대상을 비교할 때 쓰고, '어찌하다'는 두 대상이 어떻게 움직이는지 나타낼 때 써요.</td></tr>
</table>

피자는 햄버거와 비슷하다.   고양이는 개와 다르다.   누나는 동생과 놀았다.

알아 두기 '무엇이 무엇과 어떠하다/어찌하다'는 '무엇과 무엇이 어떠하다/어찌하다'로 말의 순서를 바꿔서 표현해도 괜찮아요.

연습하기 [1~2] 그림을 보고, 주어진 낱말을 이용해 빈칸에 알맞은 말을 써 보세요.

1

비슷하다

➡ _____ 는 _____ 와

_____ .

2

어울리다

➡ _____ 가 _____ 과

_____ .

3 〈보기〉에 있는 말을 이용해 주어진 문장과 같은 문장을 만들어 보세요.

보기   태양과   달은   놀았다   베짱이와   개미가   다르다

➡ **나는 엄마와 닮았다. / 사자는 호랑이와 맞섰다.**

❶ _____

❷ _____

4 〈보기〉와 같은 문장이 되도록 빈칸에 알맞은 말을 괄호에서 골라 써서 문장을 완성해 보세요.

> 보기　　　　자전거는 자동차와 다르다.　　　　아빠가 엄마와 어울린다.

❶ 얼음은 ＿＿＿＿＿＿＿＿＿＿＿＿＿ 같다.　　(물이다 / 물이 / 물과)

❷ 연필이 ＿＿＿＿＿＿＿＿＿＿＿＿＿ 결합하다.　　(지우개와 / 지우개가 / 지우개다)

❸ ＿＿＿＿＿＿＿＿＿＿＿＿＿＿＿＿＿＿＿＿＿＿＿＿＿＿＿＿＿

(닮았다 / 나는 / 비행기가 / 아빠와 / 고양이다)

직접 써 보기

1 비슷하거나 다른 한 쌍의 사람이나 사물, 동식물 등을 표에 써 보세요.

비슷한 것		다른 것	
❶	바다 — 강	❸	고양이 — 강아지
❷		❹	

2 위의 표에 적은 것을 이용해 '무엇이 무엇과 어떠하다/어찌하다' 문장을 만들어 보세요.

❶ 바다와 ＿＿＿＿＿강은＿＿＿＿＿ 비슷하다.

❷ ＿＿＿＿＿＿＿＿＿＿＿＿＿＿＿＿＿＿＿＿＿＿＿＿＿＿＿＿＿

❸ ＿＿＿＿＿고양이와 강아지는＿＿＿＿＿ 다르다.

❹ ＿＿＿＿＿＿＿＿＿＿＿＿＿＿＿＿＿＿＿＿＿＿＿＿＿＿＿＿＿

06 무엇이 무엇을 어찌하다

무엇이(가)   **무엇을(를)**   **어찌하다.**

뒤에 오는 '어찌하다'에 해당하는 움직임의 대상을 써요. 보통 '~을 (를)'로 끝나요.

문장 맨 앞의 '무엇'이 하는 움직임 등을 나타내는 낱말로, '무엇을'에 어떤 것이 들어갈지 그 대상을 결정해요.

오빠가 책을 읽는다.   나비는 꽃을 찾는다.   동생이 짜장면을 먹는다.

알아 두기 '무엇을'은 '어찌하다'의 대상이 되는 표현이에요. 예를 들어, '어찌하다'가 '먹는다'라면 그 대상이 밥인지, 피자인지 등을 쓰는 거죠. 이 대상을 쓰면 문장 맨 앞의 주체인 '무엇이' 하는 행동을 구체적으로 나타낼 수 있어요.

연습하기 [1~2] 그림을 보고, 주어진 낱말을 이용해 빈칸에 알맞은 말을 써 보세요.

1
① ②
먹는다

① 엄마가 _____ 을 _____ .

② 진수는 _____ 을 _____ .

2
① ②
싫어한다

① 나는 _____ 를 _____ .

② 희진이는 _____ 을 _____ .

3 〈보기〉에 있는 말을 이용해 주어진 문장과 같은 문장을 만들어 보세요.

보기 까마귀가   날다   하늘을   오징어가   헤엄치다   바다를

➡ 축구 선수가 골을 넣었다.

① _____

② _____

4 〈보기〉와 같은 문장이 되도록 빈칸에 알맞은 말을 괄호에서 골라 써서 문장을 완성해 보세요.

> 보기   나비가 하늘을 난다.   티라노사우르스가 고기를 먹는다.

❶ 철수가 _____ 들었다.   (연필이 / 연필을 / 연필과)

❷ 해리포터가 _____ 잡았다.   (지팡이를 / 지팡이가 / 지팡이와)

❸ _____

　(뛰었다 / 토끼가 / 벚꽃이 / 시들었다 / 들판을)

❹ _____

　(컴퓨터를 / 벌이 / 선생님이 / 사용하셨다 / 바다를)

직접 써 보기

1 오늘 '무엇을' 입고, 먹고, 했는지 표에 써 보세요.

입은 것		먹은 것		한 것	
❶	치마	❷	치킨	❸	축구
❹		❺		❻	

2 위의 표에 적은 것을 이용해 '무엇이 무엇을 어찌하다' 문장을 만들어 보세요.

❶ 나는 _____치마를_____ 입었다.　　❷ 나는 _____ 먹었다.

❸ 나는 _____ 했다.　　❹ 나는 _____.

❺ 나는 _____.　❻ 나는 _____.

07 무엇이 무엇에(게) 무엇을 어찌하다

무엇이	무엇에(게)	무엇을	어찌하다.
	'어찌하다'라는 움직임이 영향을 주는 대상을 써요.		이런 형식의 문장에서 '어찌하다'에는 '받다, 팔다, 주다' 등의 낱말이 들어갈 수 있어요.

아빠가 나에게 선물을 받다.   거북이는 토끼에게 달리기 시합을 신청하다.

 알아 두기 '받다, 팔다, 주다, 알리다, 넣다, 건네다, 던지다, 시키다' 등의 '어찌하다'를 표현하는 낱말을 문장에 사용하려면 '무엇에게'와 '무엇을'을 써야 해요. '무엇에게' 자리에 '무엇에/어디에'를 나타내는 말을 쓸 수도 있어요. '강아지가 가방에/교실에 신발을 숨겼다'처럼요.

연습하기

1 그림을 보고, 주어진 낱말을 이용해 빈칸에 알맞은 말을 써 보세요. (한 낱말을 두 번 사용할 수도 있어요.)

하나, 생일, 받다, 주다, 선물

❶ 현수가 _____ 에게 _____ 을 _____ .

❷ 하나가 _____ 에 _____ 을 _____ .

2 〈보기〉에 있는 말을 이용해 주어진 문장과 같은 문장을 만들어 보세요.

보기
엄마가   받다   편지를   우체부에게
사육사가   주다   코끼리에게   먹이를

➡ 제비가 흥부에게 박씨를 건네다.

❶ _____

❷ _____

3 〈보기〉와 같은 문장이 되도록 빈칸에 알맞은 말을 괄호에서 골라 써서 문장을 완성해 보세요.

> 보기   아빠가 동생에게 공부를 시켰다.   아빠가 엄마에게 선물을 주었다.

1 뉴스 앵커가 _____ 알렸다.

(소식을 / 소식이 / 시청자에게 / 시청자를)

2 _____ 던졌다.

(재경이가 / 재경이와 / 연못에 / 연못에게 / 돌을 / 돌이)

3 _____

(식탁에 / 식탁이다 / 밥을 / 어머니께서 / 어머니에게 / 넣었다 / 놓았다)

직접 써 보기

1 낱말 설명을 읽고, '무엇이 무엇에(게) 무엇을 어찌하다' 문장을 만들어 보세요.

시키다	받다
[~에/에게 …을] 어떤 일이나 행동을 하게 하다.	[~에서/에게(서) …을] 다른 사람이 주거나 보내오는 물건 따위를 가지다.

1 _____엄마가 나에게 심부름을_____ 시키다.

2 _____

3 _____아빠가 엄마에게 선물을_____ 받다.

4 _____

3단원

꾸밈말 넣기

꽃이 피었다.
⇨ 아름다운 꽃이 활짝 피었다.

기본 문장에 여러 가지 낱말을 넣어 문장을 꾸며요. 문장을 꾸미면 좀 더 구체적으로 표현할 수 있어요. 기본 문장만으로도 자신의 생각을 간단히 쓸 수 있지만 더 자세하게 나타내려면 추가로 꾸며 주는 낱말을 넣으면 좋아요.

이번 단원에서는 여러 가지 기본 문장에 꾸밈말을 넣어 문장의 뜻을 구체적으로 나타내는 연습을 해 봐요.

01 '어떤'으로 꾸며요

> 토끼는 동물이다. ➡ 토끼는 <u>귀여운</u> 동물이다.

 알아 두기 문장에 '어떤'을 넣으면 사람이나 사물, 동식물 등의 상태나 성질을 나타낼 수 있어요. 예를 들면, '예쁜 인형'과 '무서운 인형'처럼 '인형'의 느낌을 다르게 나타낼 수 있죠.

연습하기

1 그림을 보고, 알맞은 문장을 찾아 ○표를 해 보세요.

㉠ 여우는 멋진 모자를 썼습니다.	☐
㉡ 여우는 슬픈 모자를 썼습니다.	☐

㉠ 성실한 소가 책을 읽습니다.	☐
㉡ 맛있는 소가 책을 읽습니다.	☐

2 빈칸에 가장 알맞은 말을 〈보기〉에서 골라 써서 문장을 완성해 보세요.

> **보기**　　　잔잔한, 낡은, 딱딱한, 하얀

❶ 태완이가 ＿＿＿＿＿＿＿＿＿＿ 청바지를 입었다.

❷ 하늘에서 ＿＿＿＿＿＿＿＿＿ 눈이 내렸다.

❸ ＿＿＿＿＿＿＿＿＿ 호수에 ＿＿＿＿＿＿＿＿＿＿ 돌을 던졌다.

3 〈보기〉처럼 주어진 낱말을 조합하여 문장을 완성해 보세요.

보기
두꺼운 / 사자가 / 읽습니다 / 책을
➡ **사자가 두꺼운 책을 읽습니다.**

❶ 공룡이다 / 티라노사우루스는 / 커다란 ➡ 티라노사우루스는 _____ .

❷ 토끼가 / 치마를 / 샀다 / 예쁜 ➡ 토끼가 _____ .

❸ 한강에서 / 잔잔한 / 유람선을 / 탔다 / 현정이는

➡ _____ 한강에서 _____ 유람선을 _____ .

직접 써 보기

1 사람이나 사물, 동식물 등 대상과 그것을 꾸미는 말을 표에 모두 써 보세요.

대상	꾸미는 말(어떤)	대상	꾸미는 말(어떤)
❶ 이순신	용감한	❷ 곰	
❸ 포도		❹	

2 위의 표에 적은 것을 이용해 꾸미는 말이 들어간 문장을 만들어 보세요.

❶ _____용감한_____ 이순신 장군이 거북선을 만들었다.

❷ 재경이가 _____ 곰을 만났다.

❸ 여우가 _____ 포도를 _____ .

❹ _____

02 '어떻게'로 꾸며요

> 무지개는 아름답다. ➡ 무지개는 <u>눈부시게</u> 아름답다.

 알아 두기 문장에 '어떻게'를 넣으면 움직임이나 상태·성질을 나타내는 말(어찌하다, 어떠하다)을 꾸밀 수 있어요. 예를 들면, '빠르게 달리다'와 '꽤 크다'처럼 말이죠.

연습하기

1 그림을 보고, 알맞은 문장을 찾아 ○표를 해 보세요.

㉠ 아빠가 방을 **지저분하게** 치웠습니다. ☐

㉡ 아빠가 방을 **깨끗하게** 치웠습니다. ☐

㉠ 비가 **세차게** 내립니다. ☐

㉡ 비가 **약하게** 내립니다. ☐

2 빈칸에 가장 알맞은 말을 〈보기〉에서 골라 써서 문장을 완성해 보세요.

보기 우두커니, 재빨리, 배부르게

❶ 현우가 운동장으로 _____ 뛰어갔다.

❷ 훈배는 짜장면을 _____ 먹었다.

❸ 미현이는 _____ 서 있었다.

3 〈보기〉처럼 주어진 낱말을 조합하여 문장을 완성해 보세요.

보기
공을 / 닭이 / 멀리 / 던집니다
➡ **닭이 공을 멀리 던집니다.**

❶　　　　말했다 / 크게 / 지훈이가　　　　➡ 지훈이가 ＿＿＿＿＿＿＿＿＿＿＿＿.

❷　　　역기를 / 코뿔소가 / 들었다 / 가볍게

➡ 코뿔소가 역기를 ＿＿＿＿＿＿＿＿＿＿＿＿＿＿.

❸　　　갔다 / 빨리 / 아침에 / 홍익이는 / 놀이터에

➡ 아침에 ＿＿＿＿＿＿＿＿＿ 놀이터에 ＿＿＿＿＿＿＿＿＿＿.

직접 써 보기

1 움직임이나 상태를 나타내는 말과 그것을 꾸미는 말을 표에 써 보세요.

꾸미는 말(어떻게)	움직임이나 상태		꾸미는 말(어떻게)	움직임이나 상태
❶ 세게	찬다	❷	빨리, 천천히	먹는다
❸	깼다	❹		

2 위의 표에 적은 것을 이용해 꾸미는 말이 들어간 문장을 만들어 보세요.

❶ 코끼리가 공을 ＿＿＿세게＿＿＿ 찬다.

❷ 지웅이는 아이스크림을 ＿＿＿＿＿＿＿＿＿ 먹는다.

❸ 닭은 ＿＿＿＿＿＿＿＿＿ 깼다.

❹ ＿＿＿＿＿＿＿＿＿＿＿＿＿＿＿＿＿

03 '소리를 흉내 내는 말'로 꾸며요

> 강아지가 짖는다. ➡ 강아지가 <u>멍멍</u> 짖는다.

 알아 두기 문장에 '소리를 흉내 내는 말'을 넣으면 움직임을 나타내는 말이 어떤 소리를 내는지 생생하게 표현할 수 있어요. 예를 들면, '번개가 친다'보다는 '번개가 우르르 쾅쾅 친다'라는 문장이 더 생동감이 넘쳐요.

연습하기

1 그림을 보고, 알맞은 문장을 찾아 ○표를 해 보세요.

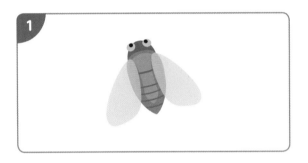

㉠ 매미가 **깍깍** 울고 있습니다. ☐

㉡ 매미가 **맴맴** 울고 있습니다. ☐

㉠ 영수가 라면을 **쨱쨱** 먹습니다. ☐

㉡ 영수가 라면을 **후루룩** 먹습니다. ☐

2 빈칸에 가장 알맞은 말을 〈보기〉에서 골라 써서 문장을 완성해 보세요.

보기   쨱쨱, 딸랑딸랑, 우당탕

❶ 종이 _____ 울렸다.

❷ 호수에서 거위가 _____ 운다.

❸ 완욱이가 복도에서 _____ 뛰었다.

3 〈보기〉처럼 주어진 낱말을 조합하여 문장을 완성해 보세요.

> 보기
>
> 콜라를 / 마십니다 / 벌컥벌컥 / 곰이
>
> ➡ **곰이 콜라를 벌컥벌컥 마십니다.**

❶ 웃었다 / 키득키득 / 친구가   ➡ 친구가 _____ .

❷ 코를 / 골았다 / 고슴도치가 / 드르렁드르렁

➡ _____ 코를 _____ .

❸ 하니가 / 콜록콜록 / 했다 / 기침을 / 교실에서

➡ 교실에서 _____ 기침을 _____ .

직접 써 보기

1 각 동물의 우리에서 무슨 소리가 날지 〈보기〉에서 골라 표에 써 보세요.

> 보기   찍찍, 쉭쉭, 으르렁, 짹짹, 히힝, 개굴개굴

동물	소리	동물	소리
❶ 호랑이	으르렁	❷ 뱀	
❸ 쥐		❹ 개구리	

2 위의 표에 적은 것을 이용해 꾸미는 말이 들어간 문장을 만들어 보세요.

❶ 호랑이가 _____ 으르렁 _____ 소리를 냈다.

❷ 뱀이 나무를 _____ 지나갔다.

❸ 쥐가 창고에서 _____ .

❹ _____

04 '모양을 흉내 내는 말'로 꾸며요

바람이 분다. ➡ 바람이 <u>솔솔</u> 분다.

 문장에 '모양을 흉내 내는 말'을 넣으면 대상이 어떤 모양으로 움직이는지 생생하게 표현할 수 있어요. 예를 들면, '토끼가 뛰었다'보다는 '토끼가 깡충깡충 뛰었다'라는 문장이 토끼가 뛰는 모양을 더 구체적으로 나타내요.

연습하기

1 그림을 보고, 알맞은 문장을 찾아 ○표를 해 보세요.

㉠ 산이 **파릇파릇** 물들었습니다. ☐

㉡ 산이 **울긋불긋** 물들었습니다. ☐

㉠ 할아버지가 **비틀비틀** 걷습니다. ☐

㉡ 할아버지가 **쫄랑쫄랑** 걷습니다. ☐

2 빈칸에 가장 알맞은 말을 〈보기〉에서 골라 써서 문장을 완성해 보세요.

보기   반짝반짝, 끄덕, 팔짝팔짝

❶ 하늘의 별이 ＿＿＿＿＿＿＿＿＿ 빛납니다.

❷ 지수가 고개를 ＿＿＿＿＿＿＿＿＿ 인사했습니다.

❸ 홍석이는 교실에서 ＿＿＿＿＿＿＿＿＿ 뛰었습니다.

3 〈보기〉처럼 주어진 낱말을 조합하여 문장을 완성해 보세요.

> 보기 축구공이 / 데굴데굴 / 흥민이의 / 굴러갔다 ➡ **흥민이의 축구공이 데굴데굴 굴러갔다.**

❶   성큼성큼 / 다가왔다 / 곰이   ➡ 곰이 _____.

❷   고개를 / 사자가 / 기울였다 / 갸우뚱

➡ _____ 고개를 _____.

❸   화단에 / 돋아났다 / 파릇파릇 / 새싹이

➡ _____ 새싹이 _____.

직접 써 보기

1 공원에서 볼 수 있는 대상을 적고, 그들의 모양이나 움직임을 흉내 내는 낱말을 〈보기〉에서 골라 표에 써 보세요.

> 보기   헤벌쭉, 나풀나풀, 파릇파릇, 방긋방긋, 둥둥, 뱅뱅, 터벅터벅

대상	모양, 움직임 흉내	대상	모양, 움직임 흉내
❶ 오리	둥둥	❷ 아기	
❸ 나비		❹	

2 위의 표에 적은 것을 이용해 꾸미는 말이 들어간 문장을 만들어 보세요.

❶ 오리가 호수 위에 _____둥둥_____ 떠 있습니다.

❷ 유모차 안의 _____ 웃고 있습니다.

❸ 나비가 꽃 _____.

❹ _____

05 '무엇보다/누구보다'로 꾸며요

축구공은 크다. ➡ 축구공은 <u>탁구공보다</u> 크다.

알아 두기 문장에 '무엇보다/누구보다'를 넣으면 두 가지 대상을 서로 비교할 수 있어요. '무엇보다/누구보다' 뒤에는 '많다, 적다', '크다, 작다', '빠르다, 느리다'처럼 서로 비교하는 낱말이 와요.

연습하기

1 그림을 보고, 알맞은 문장을 찾아 ○표를 해 보세요.

⊙ 보미가 **명훈이보다** 큽니다. ☐

ⓒ 명훈이가 **보미보다** 빠릅니다. ☐

⊙ 비행기가 **산보다** 높습니다. ☐

ⓒ 산이 **비행기보다** 많습니다. ☐

2 빈칸에 가장 알맞은 말을 〈보기〉에서 골라 써서 문장을 완성해 보세요.

보기 우유보다, 돌보다, 여우보다

❶ 콜라는 _____ 까맣습니다.

❷ 떡은 _____ 말랑말랑합니다.

❸ 코끼리는 _____ 큽니다.

3 〈보기〉처럼 주어진 낱말을 조합하여 문장을 완성해 보세요.

> 보기   느리다 / 토끼보다 / 거북이가   ➡   **거북이가 토끼보다 느리다.**

❶   여름이 / 덥다 / 가을보다   ➡   여름이 _____ .

❷   좁다 / 다락방이 / 거실보다   ➡   _____ 거실보다 _____ .

❸   비싸다 / 아이보다 / 어른의 / 입장권이

➡   어른의 _____ .

직접 써 보기

1 '어떠하다'에 어울리는 사람이나 동식물, 사물 등을 생각해서 표에 써 보세요.

	- (덜한 것)	어떠하다	+ (더한 것)
❶	단팥빵	비싸다	케이크
❷	택시	복잡하다	버스
❸		빠르다	
❹			

2 위의 표에 적은 것을 이용해 꾸미는 말이 들어간 문장을 만들어 보세요.

❶   케이크가   _____단팥빵보다_____   비싸다.

❷   버스가   _____   복잡하다.

❸   _____   빠르다.

❹   _____

06 '언제, 어디에서'로 꾸며요

강아지가 논다. ➡ 강아지가 <u>아침에 공원에서</u> 논다.

 문장에 시간과 장소를 쓰면 구체적인 사실을 정확하게 표현할 수 있어요. 문장에서 '언제, 어디에(서)'의 위치는 달라질 수 있어요. '밤에 침대에서 잔다'라는 문장도 맞지만 '침대에서 밤에 잔다'라는 문장도 맞는 표현이에요.

연습하기

1 그림을 보고, 알맞은 문장을 찾아 ○표를 해 보세요.

㉠ 오전에 세민이는 축구를 했습니다. ☐

㉡ 오후에 세민이는 축구를 했습니다. ☐

㉠ 승은이는 바다에서 책을 읽습니다. ☐

㉡ 승은이는 도서관에서 책을 읽습니다. ☐

2 표를 보고, 빈칸에 알맞은 말을 '장소 – 시간' 순서로 〈보기〉에서 골라 써 보세요.

> 보기   12시에, 오후 3시에, 3관에서, 보은이집에서

❶
3관 15시
알라딘

영화 〈알라딘〉은 _____ 시작합니다.

❷
시간: 12시
장소: 보은이집

생일 파티는 _____ 열립니다.

3 〈보기〉처럼 주어진 낱말을 조합하여 문장을 완성해 보세요.

> **보기** 밤에 / 지훈이는 / 잔다 / 침대에서 ➡ **밤에 지훈이는 침대에서 잔다.**

❶ 갈매기가 / 난다 / 바다에서 ➡ (어디서) _____ 난다.

❷ 번개가 / 자정에 / 친다 / 하늘에서

➡ (언제) _____ (어디서) _____ 번개가 _____ .

❸ 책을 / 도서관에서 / 읽는다 / 여우가 / 휴일에

➡ (언제) _____ 여우가 (어디서) _____ .

직접 써 보기

1 다음은 홍익이의 하루 일과표예요. 표의 빈칸에 들어갈 일과를 생각해서 써 보세요.

	❶	❷	❸	❹	❺
시각	8시 30분	12시	3시	5시	
장소	집	급식실	체육관		
일과	등교	점심 식사	태권도		

2 위의 표에 적은 것을 이용해 꾸미는 말이 들어간 문장을 만들어 보세요.

❶ ____8시 30분에____ 홍익이는 ____집에서____ 등교합니다.

❷ _____ 홍익이는 _____ 점심을 먹습니다.

❸ 홍익이는 _____ 태권도를 합니다.

❹ _____

❺ _____

07 '무엇이 어떠한'으로 꾸며요

하마가 책을 읽는다. ➡ 하마가 <u>글자가 많은</u> 책을 읽는다.

알아 두기 문장을 자세하게 쓰고 싶다면 '무엇이 어떠한'으로 꾸미면 돼요. '무엇이 어떠한'은 '어떤'으로 꾸미는 것보다 사람이나 사물, 동식물 등의 모양이나 상태·성질을 구체적으로 나타낼 수 있어요.

연습하기

1 그림을 보고, 알맞은 문장을 찾아 ○표를 해 보세요.

㉠ 가방이 가벼운 민수가 걸어갑니다. ☐

㉡ 가방이 무거운 민수가 걸어갑니다. ☐

㉠ 이빨이 날카로운 사자가 고기를 먹습니다. ☐

㉡ 이빨을 날카로운 사자가 고기를 먹습니다. ☐

2 〈보기〉처럼 괄호에 주어진 낱말을 이용해서 문장을 완성해 보세요.

보기 (눈, 크다) ➡ <u>눈이 큰</u> 소녀가 피아노를 칩니다.

❶ (머리카락, 곱슬곱슬하다) ➡ _____ 정현이가 노래를 부릅니다.

❷ (콧구멍, 넓다) ➡ _____ 돼지가 숨을 쉽니다.

❸ (별, 반짝이다) ➡ 나그네가 _____ 길을 걷습니다.

3 〈보기〉처럼 주어진 낱말을 조합하여 문장을 완성해 보세요.

> 보기   사과가 / 빨간 / 색깔이 / 달다 ➡ **색깔이 빨간 사과가 달다.**

❶ 많은 / 숲에 / 나무가 / 왔다 / 우리는

➡ 우리는 ＿＿＿＿＿＿＿ 많은 ＿＿＿＿＿＿＿＿＿＿＿＿＿＿ .

❷ 나타났다 / 기분이 / 아빠가 / 좋은

➡ ＿＿＿＿＿＿＿＿＿＿＿＿＿＿ 아빠가 ＿＿＿＿＿＿＿＿＿＿＿＿ .

❸ 희정이는 / 사람이 / 많은 / 탔다 / 버스를

➡ ＿＿＿＿＿＿＿＿＿＿＿＿＿＿＿＿＿＿＿ 버스를 ＿＿＿＿＿＿＿ .

[직접 써 보기] **[1~2] 그림을 보고, 질문에 답하세요.**

1 그림 속 사람이나 동물, 사물 등을 보며 '무엇이 어떠한'지 생각나는 대로 써 보세요.

색깔이 빨간,

2 위에 적은 것을 이용해 꾸미는 말이 들어간 문장을 만들어 보세요.

❶ ＿＿ 색깔이 빨간 ＿＿ 컵이 책상 위에 있습니다.

❷ ＿＿＿＿＿＿＿＿＿＿＿＿＿ 희철이는 라면을 먹습니다.

❸ ＿＿＿＿＿＿ 시계가 ＿＿＿＿＿＿＿＿ 벽에 걸려 있습니다.

❹ ＿＿＿＿＿＿＿＿＿＿＿＿＿＿＿＿＿＿＿＿＿＿＿＿＿

08 '무엇을 어찌한'으로 꾸며요

지수는 버스를 탔다. ➡ 지수는 에어컨을 튼 버스를 탔다.

 알아 두기 '무엇을 어찌한'은 뒤에 나오는 사람이나 동식물, 사물 등의 움직임을 구체적으로 나타낼 수 있어요. '어찌한'에는 '달리는, 마시는'처럼 움직임을 나타내는 낱말이 들어갈 수 있어요.

연습하기

1 그림을 보고, 알맞은 문장을 찾아 ○표를 해 보세요.

㉠ 토끼가 얼음을 넣은 물을 마십니다. ☐

㉡ 토끼가 얼음이 없는 물을 마십니다. ☐

㉠ 백점이 맞은 기린이 기뻐합니다. ☐

㉡ 백점을 맞은 기린이 기뻐합니다. ☐

2 〈보기〉처럼 괄호에 주어진 낱말을 이용해서 문장을 완성해 보세요.

> 보기 (햄버거, 먹다) ➡ **햄버거를 먹는** 강아지가 있습니다.

❶ (태극기, 그리다) ➡ 거북이는 _____ 운동화를 신었습니다.

❷ (짜장면, 먹다, 콜라, 마시다)

➡ _____ 호랑이와 _____ 사자가 있습니다.

3 〈보기〉처럼 주어진 낱말을 조합하여 문장을 완성해 보세요.

> 보기　선물을 / 원실이는 / 기뻤다 / 받은 ➡ **선물을 받은 원실이는 기뻤다.**

❶　어머니를 / 여우는 / 마음이 / 여읜 / 아팠다

➡ _____ 여읜 _____ 아팠다.

❷　까치를 / 흥부가 / 치료했다 / 다리를 / 다친

➡ 흥부가 _____ 까치를 _____ .

❸　이순신 장군이 / 거북선을 / 만든 / 물리쳤다 / 적을

➡ _____ 이순신 장군이 _____ .

직접 써 보기 **[1~2] 그림을 보고, 질문에 답하세요.**

1 그림 속 동물이나 사물 등을 보며 '무엇을 어찌한'지 생각나는 대로 써 보세요.

청소를 하는,

2 위에 적은 것을 이용해 꾸미는 말이 들어간 문장을 만들어 보세요.

❶　선생님께서 ~~청소를 하는~~ 학생들을 칭찬합니다.

❷　_____ 호랑이가 쓰레기를 줍습니다.

❸　_____ 코끼리가 _____ 칠판을 닦습니다.

❹　_____

09 다양하게 꾸며요 (1)

연습하기

1 그림을 보고, 알맞은 문장을 모두 찾아 ○표를 해 보세요.

㉠ 하마는 뛰었다.	☐
㉡ 뚱뚱한 하마는 뛰었다.	☐
㉢ 뚱뚱한 하마는 **빨리** 뛰었다.	☐
㉣ 뚱뚱한 하마는 코끼리보다 빨리 뛰었다.	☐

㉠ 명훈이가 밥을 먹는다.	☐
㉡ 명훈이가 밥을 오물오물 먹는다.	☐
㉢ 명훈이가 차가운 밥을 오물오물 먹는다.	☐
㉣ 명훈이가 **따뜻한** 밥을 오물오물 맛있는 먹는다.	☐

2 혜원이의 일기를 읽고, 빈칸에 알맞은 꾸밈말을 〈보기〉에서 골라 써 보세요.

> 보기   쨍쨍, 맑게, 재미있는, 상쾌한, 넓은, 주룩주룩, 저절로

20XX년 XX월 XX일   날씨: 비가 온 후 맑게 개었다.

1 아침부터 비가   왔다.

2 하지만 오후에는 거짓말처럼 날이   개었다.

3 해가   나고,   공기 냄새를 맡을 수 있었다.

4   기운이 나서   운동장에서   축구를 했다.

3 기본 문장에 여러 가지 꾸밈말을 넣어 문장을 재미있게 만들어 보세요.

기본 문장   바람이 불었다.

❶

꾸밈 받는 낱말	꾸밈말	
바람	어떤	강한, 센

➡ _____ 바람이 불었다.

❷

꾸밈 받는 낱말	꾸밈말	
불었다	㉠ 어떻게	세게, 약하게, 느리게
	㉡ 소리나 모양을 흉내 내는 말	횡, 살랑살랑
	㉢ 무엇보다/누구보다	거북이보다, 로켓보다

➡ ㉠ 바람이 _____ 불었다.

➡ ㉠+㉡ 바람이 _____ 불었다.

➡ ㉢+㉠+㉡ 바람이 _____ 불었다.

직접 써 보기

1 각 낱말의 꾸밈말을 표에 써 보고, 이를 이용해 기본 문장을 자유롭게 확장해 써 보세요.

기본 문장   세언이가 그림을 그렸다.

㉠		㉡		㉢	
꾸밈 받는 낱말	꾸밈말	꾸밈 받는 낱말	꾸밈말	꾸밈 받는 낱말	꾸밈말
세언이		그림		그렸다	

➡ ㉠ _____

➡ ㉠+㉡ _____

➡ ㉠+㉡+㉢ _____

10 다양하게 꾸며요 (2)

1 그림을 보고, 알맞은 문장을 모두 찾아 ○표를 해 보세요.

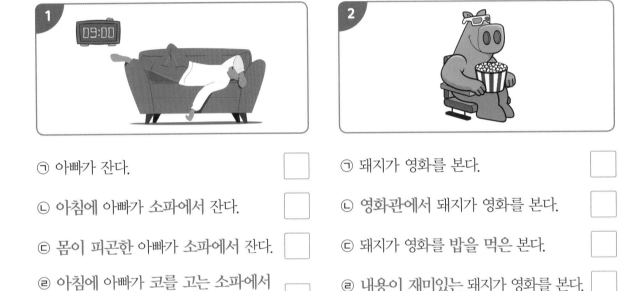

1	
㉠ 아빠가 잔다.	☐
㉡ 아침에 아빠가 소파에서 잔다.	☐
㉢ 몸이 피곤한 아빠가 소파에서 잔다.	☐
㉣ 아침에 아빠가 코를 고는 소파에서 잔다.	☐

2	
㉠ 돼지가 영화를 본다.	☐
㉡ 영화관에서 돼지가 영화를 본다.	☐
㉢ 돼지가 영화를 밥을 먹은 본다.	☐
㉣ 내용이 재미있는 돼지가 영화를 본다.	☐

2 빈칸에 '언제, 어디에서, 어떻게'의 꾸밈말을 넣어 문장을 확장해 써 보세요.

기본 문장 코끼리가 책을 읽는다.

❶ 5시 ➡ ＿＿＿＿＿＿＿ 코끼리가 책을 읽는다.

❷ 도서관 ➡ (언제) ＿＿＿＿＿ 코끼리가 ＿＿＿＿＿＿＿＿ 책을 읽는다.

❸ 즐겁게 ➡ (언제) ＿＿＿＿＿ 코끼리가 (어디서) ＿＿＿＿＿ 책을 ＿＿＿＿＿ 읽는다.

3 기본 문장에 여러 가지 꾸밈말을 넣어 문장을 재미있게 만들어 보세요.

기본 문장   토끼가 울었다.

❶

꾸밈 받는 낱말	꾸밈말	
울었다	㉠ 언제	아침에, 오후에
	㉡ 어디서	집에서, 학원에서

➡ ㉠ 토끼가 _____ 울었다.

➡ ㉠+㉡ 토끼가 _____ 울었다.

❷

꾸밈 받는 낱말	꾸밈말	
토끼	㉠ 무엇이 어떠한	마음이 슬픈
	㉡ 무엇을 어찌한	거북이를 이긴, 자라를 속인

➡ ㉠ _____ 토끼가 울었다.

➡ ㉡ _____ 토끼가 울었다.

직접 써 보기

1 각 낱말의 꾸밈말을 표에 써 보고, 이를 이용해 기본 문장을 자유롭게 확장해 써 보세요.

기본 문장   승연이가 책을 읽었다.

	꾸밈 받는 낱말	꾸밈말(언제, 어디서, 무엇이 어떠한, 무엇을 어찌한)
㉠	승연이	
㉡	책	
㉢	읽었다	

➡ ㉠ _____

➡ ㉠+㉡ _____

➡ ㉠+㉡+㉢ _____

4단원

두 문장 쓰기

나는 파란색을 좋아한다.
그래서 하늘과 바다도 좋아한다.

이제 두 문장을 이어 써 봐요. 문장은 기본적으로 사실을 나타내는 문장과 의견을 나타내는 문장으로 나눌 수 있어요. 이렇게 두 가지 성격을 가진 문장은 여러 가지 방법으로 이어 쓸 수 있어요.

'예를 들어 쓰기, 빗대어 쓰기, 비교하여 쓰기, 원인과 결과로 쓰기' 등의 방법을 사용해서 자신의 생각이 담긴 문장을 재미있게 만들어 봐요.

01 사실 알고 쓰기

현우는 어머니께서 병원에 가시는 걸 봤다. (사실 O - 본 것)

우리 이모는 목성에 산다. (사실 X)

 알아 두기 자신이 겪은 일(본 것, 들은 것, 한 것)을 쓴 문장을 '사실'이라고 해요. '사실'은 실제로 있었던 일이나 현재에 일어난 일을 말해요. 문장을 쓰는 사람이 달라져도 '사실'은 바뀌지 않죠.

연습하기

1 〈보기〉처럼 각 문장을 '본 것, 들은 것, 한 것' 중에서 골라 ○표를 해 보세요.

> 보기　　방과 후에 나는 집에 바로 갔다. 　본 것 ｜ 들은 것 ｜ (한 것)

❶ 어제 나는 집에서 떡볶이를 먹었다. 　본 것 ｜ 들은 것 ｜ 한 것

❷ 맛있는 떡볶이가 냄비에서 끓었다. 　본 것 ｜ 들은 것 ｜ 한 것

❸ 엄마는 내가 좋아하는 어묵도 넣었다고 말했다. 　본 것 ｜ 들은 것 ｜ 한 것

2 그림을 보고, '사실'을 올바르게 나타낸 문장을 찾아 ○표를 해 보세요.

㉠ 농부가 계란을 바구니에 담습니다. ☐

㉡ 농부는 공을 바구니에 담습니다. ☐

㉠ 태양이 쨍쨍 땅을 비추고 있습니다. ☐

㉡ 달이 은은하게 땅을 비추고 있습니다. ☐

3 그림을 보고, 〈보기〉처럼 질문에 대한 답을 '사실'을 가지고 써 보세요.

보기

⊙ 희주는 무엇을 하나요?
➡ 희주는 꽃에 물을 줍니다.

ⓒ 희주는 엄마에게 무슨 말을 들었나요?
➡ 희주는 엄마에게 저녁 먹으라는 말을 들었습니다.

⊙ 기린은 무엇을 하나요?
➡ _____ 읽습니다.

ⓒ 곰은 무엇을 보나요?
➡ _____ 봅니다.

⊙ 승희는 무엇을 하나요?
➡ _____ 탑니다.

ⓒ 태완이는 무엇을 관찰하나요?
➡ 태완이는 _____ .

⊙ 아이들은 무엇을 하나요?
➡ _____ 건넙니다.

ⓒ 아이들은 어른에게 무슨 말을 들었나요?
➡ _____ "조심해!"
라는 말을 _____ .

02 의견 알고 쓰기

> 지웅이는 마스크 쓰는 것이 불편하다.
> 지웅이는 코로나가 사라졌으면 좋겠다.

 '의견'은 어떤 사실이나 대상에 대한 자신의 생각이나 느낌을 쓴 문장이에요. 문장을 쓰는 사람이 달라지면 의견도 바뀔 수 있어요. '의견(생각이나 느낌)'은 사람에 따라 다르기 때문이죠.

연습하기

1 〈보기〉처럼 각 문장을 '사실'과 '의견' 중에서 골라 ○표를 해 보세요.

> 보기 나는 우주여행을 해 보고 싶습니다. 사실 (의견)

❶ 오늘 나는 아버지와 함께 등산을 했다. 사실 의견

❷ 오랜만에 산을 오르니 기분이 좋았다. 사실 의견

❸ 나는 앞으로 등산을 자주 해야겠다고 생각했다. 사실 의견

2 그림을 보고, '의견'을 나타낸 문장을 찾아 ○표를 해 보세요.

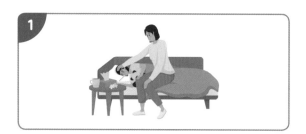

㉠ 민주는 감기에 걸려 몸이 아팠습니다. ☐

㉡ 엄마는 아픈 민주가 걱정됐습니다. ☐

㉠ 세언이는 자전거 타는 것이 무척 즐거웠습니다. ☐

㉡ 세언이와 엄마는 함께 자전거를 탔습니다.

3 〈보기〉처럼 질문에 '의견'을 말하는 답을 써 보세요.

좋아하는 음료	
효규	콜라
나	사이다

보기

㉠ 효규는 무슨 음료수를 좋아하나요?

　➡ 효규는 콜라를 좋아합니다.

㉡ 여러분은 무슨 음료수를 좋아하나요?

　➡ 나는 사이다를 좋아합니다.

❶

친구와 하고 싶은 일	
은수	동물원 가기
나	

㉠ 은수는 친구와 무엇을 하고 싶나요?

　➡ 은수는 친구와 _____.

㉡ 여러분은 친구와 무엇을 하고 싶나요?

　➡ _____

❷

꿈	
승화	멋진 가수
나	

㉠ 승화는 무엇이 되고 싶습니까?

　➡ 승화는 _____.

㉡ 여러분은 무엇이 되고 싶습니까?

　➡ _____

❸

생일에 받고 싶은 선물	
동만	축구공
나	

㉠ 동만이는 생일에 무엇을 받고 싶나요?

　➡ 동만이는 생일에 _____.

㉡ 여러분은 생일에 무엇을 받고 싶나요?

　➡ _____

03 사실과 의견으로 쓰기

> 지은이는 학교 연극에 참여한다. 사실
>
> 지은이는 대사를 완벽히 외워야 한다고 생각한다. 의견

 알아 두기 문장은 사실로만 쓸 수도 있고, 의견으로만 표현할 수도 있어요. 또, 사실과 의견을 섞어서 쓸 수도 있죠. 사실(본 것, 들은 것, 한 것)에 대한 자신의 의견(생각이나 느낌)을 섞어서 쓰면 좋은 글을 쓸 수 있어요.

연습하기

1 학교에서 운동회를 했어요. 지민이와 세민이, 영철이는 집에 돌아가서 운동회에 대한 글을 썼어요. 사실을 나타낸 문장에는 '사실', 의견을 나타낸 문장에는 '의견'이라고 써 보세요.

1

㉠ 운동회에서 줄다리기를 했다. | 사실

㉡ 줄다리기에서 상대팀을 이겨서 기분이 좋았다. |

2

㉠ 선생님께서 달리기에서 이기면 사탕을 준다고 하셨다. |

㉡ 달리다가 넘어져서 다리에 피가 났다. |

3

㉠ 나는 백군에게 지면 창피하다고 생각했다. |

㉡ 박 터뜨리기에서 이겨서 무척 기뻤다. |

2 그림을 보고, 빈칸에 알맞은 '사실'이나 '의견' 문장을 만들어 보세요.

사실

나는 식탁에 물을 엎질렀습니다.

의견

사실

의견

바람이 무척 시원했습니다.

사실

효규는 달리기 시합을 했습니다.

의견

사실

의견

승은이는 자신이 그린 그림에 만족했습니다.

1 그림에 어울리는 얼굴 표정을 찾아 선으로 연결해 보세요.

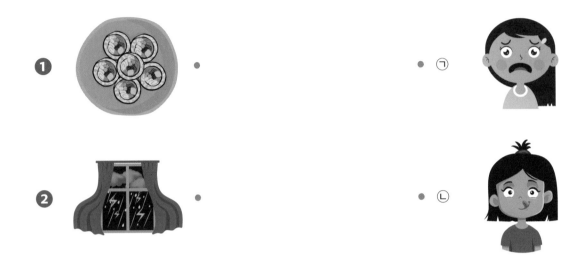

2 위에 연결한 내용을 바탕으로 〈보기〉처럼 '사실'과 '의견' 두 문장을 만들어 보세요.

보기

사실 점심시간에 엄마가 싸 준 김밥을 먹었습니다.

의견 김밥이 너무 맛있었습니다.

사실

의견

----

3 단어 카드의 내용을 읽고, '사실'에는 ○표를, '의견'에는 △표를 해 보세요.

사과는 과일이다	좋다	계절은 봄, 여름, 가을, 겨울로 나뉜다	정확하다	비가 온다
춥다	아빠는 남자다	책을 읽는다	재미있다	즐겁다
무섭다	축구를 한다	산에 올랐다	학교에 간다	슬프다
쓸쓸하다	공부가 하고 싶다	포도가 먹고 싶다	딸기를 씻었다	수학 문제를 푼다
싫다	게임이 하고 싶다	쓰기가 좋다	쓰기가 재미있다	쓰기를 한다

4 위에 분류한 내용을 바탕으로 〈보기〉처럼 사실과 의견을 쓰고, 두 문장을 만들어 보세요.

보기

사실 사과는 과일이다 **의견** 좋다

➡ 사과는 과일이다. 나는 과일 중 사과를 가장 좋아한다.

❶

사실 .... **의견** ....

➡ ....

❷

사실 .... **의견** ....

➡ ....

04 예를 들어 쓰기

빵집에는 여러 가지 빵이 있습니다. <u>예를 들면</u>, 크루아상,
소시지빵, 카스테라, 단팥빵, 크림빵 <u>등이</u> 있습니다.

 알아 두기 어떤 대상에 대해 예를 들어서 문장을 쓰면 그 대상을 자세히 설명할 수 있어요. 예를 들어 쓰는 문장은 되도록 '사실'을 써야 해요.

연습하기

1 사자의 생일 파티가 열렸어요. 초대된 친구들과 준비된 음식 그림을 보고, 빈칸에 알맞은 낱말을 넣어 질문에 대한 답을 완성해 보세요.

❶ 사자의 생일 파티에 누가 왔나요?

➡ 사자의 생일 파티에 많은 친구들이 왔습니다.

기린, 다람쥐, <u>   토끼   </u>, 호랑이, _____ 등이 왔습니다.

❷ 사자의 생일 파티에 무슨 음식이 있나요?

➡ 사자의 생일 파티에 맛있는 음식이 많습니다.

예를 들면, 케이크, 국수, 과자, _____, _____ 등이 있습니다.

2 〈보기〉처럼 질문에 대한 답을 예를 들어 설명하는 문장으로 완성해 보세요.

> 세상에는 어떤 곤충이 있나요?

세상에는 여러 가지 종류의 곤충이 있습니다.

예를 들면, 메뚜기, 파리, 나비, 개미 등의 곤충이 있습니다.

1

> 네 필통에 무엇이 있니?

제 필통에는 여러 가지 학용품이 있습니다.

예를 들면, _____ 등이 있습니다.

2

> 놀이터에는 무엇이 있나요?

놀이터에는 여러 가지 놀이 기구가 있습니다.

예를 들면, _____ 등의 놀이 기구가 있습니다.

3

> 나는 네가 무슨 음식을 좋아하는지 궁금해.

저는 여러 가지 음식을 좋아합니다.

예를 들면, _____ 등을 좋아합니다.

1 그림에 어울리는 예를 찾아 선으로 연결해 보세요.

❶  •

• ㉠ 기쁨, 슬픔, 놀람, 당황

❷  •

• ㉡ 브라키오사우루스, 티라노사우루스, 트리케라톱스

2 위에 연결한 내용을 바탕으로 〈보기〉처럼 예를 설명하는 두 문장을 만들어 보세요.

> **보기**
> 교과서에는 여러 종류가 있다.
> 예를 들면, 국어, 수학, 과학, 사회 등이 있다.

❶

❷

3 자신이 관심을 가진 대상의 예를 조사하여 빈칸에 써 보세요.

대상	예
새	독수리, 매, 갈매기, 두루미
왕의 이름	세종대왕, 광개토대왕,

4 위에 적은 내용을 바탕으로 〈보기〉처럼 예를 들어 설명하는 두 문장을 만들어 보세요.

> **보기**
> 다양한 종류의 새가 있습니다.
> 예를 들면, 독수리, 매, 갈매기, 두루미 등의 새가 있습니다.

❶

❷

05 빗대어 쓰기

하얀 눈이 소복하게 쌓여 있습니다.
눈은 마시멜로<u>처럼</u> 폭신폭신합니다.

알아 두기 대상을 낯익은 것에 빗대어 표현하는 경우가 많아요. 붉은 단풍을 보고 '노을처럼 붉다'라는 표현을 쓰는 것이 그렇지요. 어떤 대상을 '성질, 모양, 색깔'이 비슷한 다른 대상에 빗대어 표현하는 것을 '비유'라고 해요.

연습하기

1 '성질, 모양, 색깔'이 서로 비슷한 그림을 찾아 선으로 연결하고, 빈칸에 알맞은 낱말을 써 보세요.

세민이는 달리기를 토끼처럼 잘한다. 욕조 안은 엄마 품속같이 따뜻하다.
병아리는 은행잎처럼 샛노랗다. 보름달이 _____ 같이 둥글다.

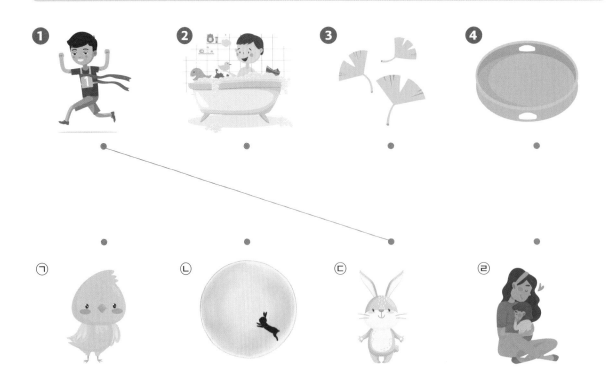

2 〈보기〉처럼 주어진 대상에 관해 떠오르는 것을 쓰고, 설명하는 문장을 완성해 보세요.

보기

코

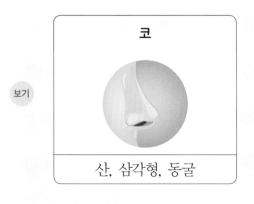

산, 삼각형, 동굴

현우 코는 특이하게 생겼습니다.
현우의 코는 우뚝 솟은 <u>산처럼 높습니다.</u>

❶

강아지 털

솜뭉치, 털실

강아지가 꼬리를 흔들며 다가왔습니다.
강아지는 _____처럼 북슬북슬한 털을
가지고 있습니다.

❷

밤

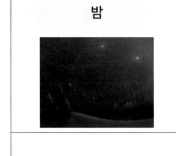

겨울이 되니 밤이 빨리 찾아옵니다.
겨울밤은 _____.

❸

주사

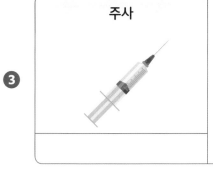

감기에 걸려서 병원에서 주사를 맞았습니다.
주삿바늘은 _____.

1 그림과 닮았거나 비슷한 대상이 무엇인지 선으로 연결해 보세요.

2 위에 연결한 내용을 바탕으로 〈보기〉처럼 빗대어 설명하는 두 문장을 만들어 보세요.

보기
여름에는 햇빛이 쨍쨍 비칩니다.
여름은 찜질방처럼 덥습니다.

3 자신이 빗대어 표현하고 싶은 대상을 쓰고, 그것과 닮거나 비슷한 것을 빈칸에 써 보세요.

대상	닮거나 비슷한 것
엄마	이불(폭신하다), 도깨비(무섭다)

4 위에 적은 내용을 바탕으로 〈보기〉처럼 빗대어 설명하는 두 문장을 만들어 보세요.

> 보기
>
> 저 멀리서 엄마가 나를 크게 불렀다.
> 나는 폭신한 이불 같은 엄마 품에 쏙 안겼다.

❶

❷

06 비교·대조하여 쓰기

수박은 여름에 나는 과일입니다.

그리고 참외도 여름에 나는 과일입니다. 비교

➡ 수박과 참외는 모두 여름에 나는 과일입니다.

수박은 큽니다. 하지만 참외는 작습니다. 대조

➡ 수박은 크지만 참외는 작습니다.

 알아 두기 두 대상의 공통점을 설명하는 것을 '비교', 두 대상의 차이점을 설명하는 것을 '대조'라고 해요. '비교'는 '그리고'로 대상을 이어 주고, '대조'는 앞 문장과 뒤 문장 사이에 '하지만, 그러나'와 같은 이어 주는 말이 붙어요.

연습하기

1 그림을 보고, 수박과 바나나의 공통점과 차이점을 쓴 후 문장을 완성해 보세요.

공통점
• 달다.
• ---
차이점
• 수박은 크지만 바나나는 작다.
• ---

❶ 수박과 바나나는 둘 다 _____ 맛있어요.

❷ 수박은 씨가 많지만 바나나는 _____.

2 〈보기〉처럼 대상의 공통점과 차이점을 쓰고, 비교·대조하는 문장을 완성해 보세요.

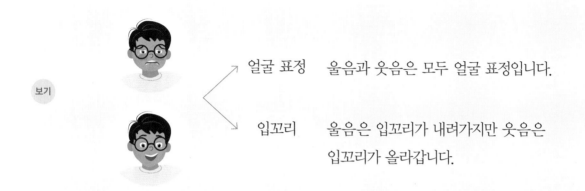

보기

얼굴 표정   울음과 웃음은 모두 얼굴 표정입니다.

입꼬리   울음은 입꼬리가 내려가지만 웃음은 입꼬리가 올라갑니다.

1

패스트푸드

가격

➡ 햄버거와 피자는 모두 _____ 입니다.

   햄버거는 _____ 피자는 _____.

2

털

➡ 여우와 하마는 모두 _____.

   여우는 _____ 하마는 털이 없습니다.

1 두 대상의 공통점과 차이점으로 올바른 것을 모두 찾아 ○표를 해 보세요.

대상	공통점	차이점
❶ 손 / 발	몸의 일부, 두 개, 차가움, 갈라짐, 사람에게만 있음	몸의 위·아래 손은 무엇을 잡는 데 사용하고 발은 길을 걷는 데 쓴다. 손은 빨갛지만 발은 파랗다.

대상	공통점	차이점
❷ 콜라 / 우유	건강에 좋지 않음, 마신다, 목이 마를 때 먹을 수 있음, 모두가 좋아함, 소에서 얻을 수 있음	콜라는 차갑고, 우유는 뜨겁다. 콜라는 거멓고, 우유는 하얗다. 콜라는 맛있고, 우유는 맛없다. 콜라는 달고, 우유는 담백하다.

2 위에서 찾은 공통점과 차이점을 바탕으로 〈보기〉처럼 비교·대조하는 두 문장을 완성해 보세요.

> 보기
> 손과 발은 둘 다 몸의 일부입니다.
> 손은 물건을 잡을 때 쓰지만 발은 길을 걸을 때 씁니다.

❶ 콜라와 우유는 모두 _____.
콜라는 _____, 우유는 _____.

❷ _____
_____

3 표를 보고, 비교·대조하는 두 문장으로 정리해 보세요(가운데 원이 겹치는 부분에는 공통점, 왼쪽과 오른쪽 원 각각에는 차이점을 적었어요).

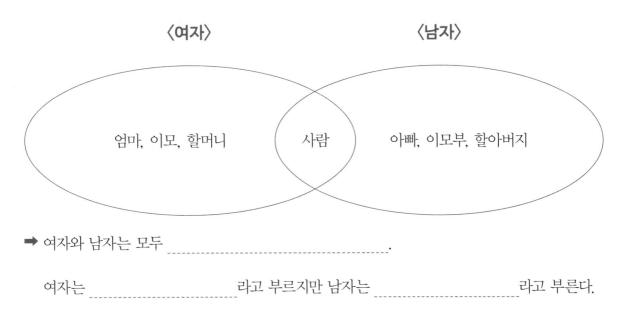

〈여자〉 〈남자〉

엄마, 이모, 할머니 / 사람 / 아빠, 이모부, 할아버지

➡ 여자와 남자는 모두 _____.

여자는 _____ 라고 부르지만 남자는 _____ 라고 부른다.

4 자신이 비교·대조하고 싶은 두 가지를 선택해서 표를 완성하고, 두 문장을 만들어 보세요.

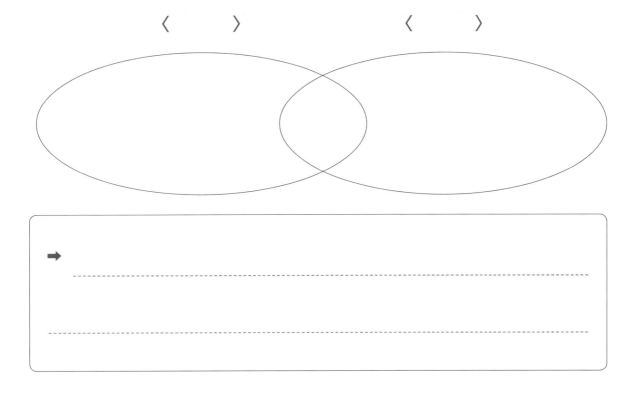

〈　　〉 〈　　〉

➡ _____

_____

07 원인과 결과로 쓰기

- 나는 어제 밤늦게까지 컴퓨터 게임을 했습니다. 그래서

  ___원인___

  나는 학교에서 졸았습니다.

  ___결과___

- 나는 학교에서 졸았습니다. 왜냐하면 어제 밤늦게까지

  ___결과___   ___원인___

  컴퓨터 게임을 했기 때문입니다.

 알아 두기 무슨 일이 일어나게 한 힘이나 영향을 '원인'이라고 하고, 그러한 힘이나 영향에 따라 발생하게 된 일을 '결과'라고 해요. 원인과 결과로 연결할 때는 '그래서'라는 낱말을 많이 쓰고, 결과와 원인으로 연결할 때는 '왜냐하면 ~ 때문입니다'라는 표현을 많이 사용해요.

연습하기

1 그림을 보고, 원인과 결과를 나타내는 문장을 완성해 보세요.

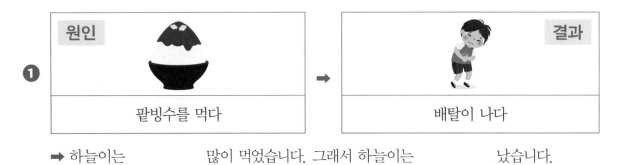

❶ 원인: 팥빙수를 먹다 → 결과: 배탈이 나다

➡ 하늘이는 ＿＿＿＿＿ 많이 먹었습니다. 그래서 하늘이는 ＿＿＿＿＿ 났습니다.

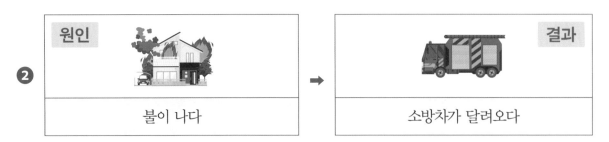

❷ 원인: 불이 나다 → 결과: 소방차가 달려오다

➡ 하늘이 집에 ＿＿＿＿＿ 달려왔습니다. 왜냐하면 하늘이 집에 ＿＿＿ 났기 때문입니다.

2 그림을 보고, 〈보기〉처럼 원인이나 결과를 설명하는 문장을 완성해 보세요.

보기

영철이는 길을 가다가 돌부리에 걸려 넘어졌습니다.

그래서 영철이는 다리를 심하게 다쳤습니다.

토끼는 거북이에게 달리기를 졌습니다.

왜냐하면 토끼가 시합 중에 _____.

승현이는 늦잠을 자서 학교에 지각했습니다.

그래서 _____.

사과가 맛있네.

백설공주가 갑자기 쓰러졌습니다.

왜냐하면 _____.

1 원인과 결과로 이어지는 그림을 찾아 선으로 연결해 보세요.

2 위에 연결한 내용을 바탕으로 〈보기〉처럼 원인과 결과로 설명하는 두 문장을 만들어 보세요.

보기
지민이는 온몸이 쫄딱 젖었습니다.
왜냐하면 갑자기 소나기가 내렸기 때문입니다.

3 자신이 겪은 인상 깊은 일을 떠올리고, 그 일의 원인과 결과를 빈칸에 써 보세요.

원인	결과
오늘은 어버이날	부모님께 카네이션을 선물

4 위에 적은 내용을 바탕으로 〈보기〉처럼 원인과 결과로 설명하는 두 문장을 만들어 보세요.

> 보기
>
> 오늘은 5월 8일 어버이날입니다.
> 그래서 나는 부모님께 카네이션을 선물했습니다.

❶

❷

08 다음에 일어난 일 쓰기

진우는 도서관에 갔습니다.

다음에 일어난 일 먼저 빌릴 책을 컴퓨터로 검색하고,

서가에서 책을 찾았습니다.

 알아 두기 어떤 일을 하고 난 다음에 일어나는 일을 순서대로 쓸 수 있어요. 다음에 일어난 일을 문장으로 쓸 때는 앞에 일어난 사건과 알맞게 연결되는지 생각해야 해요.

연습하기

1 그림을 보고, 하늘이가 점심시간에 한 일을 순서대로 써서 문장을 완성해 보세요.

교실로 들어가자!

❶ 하늘이는 술래잡기를 하기 위해 운동장에 나갔습니다.

하늘이와 친구들은 ＿＿＿＿＿＿＿＿＿＿＿＿ 로 술래를 뽑았습니다.

❷ 하늘이는 ＿＿＿＿＿＿＿＿＿＿ 를 재미있게 했습니다.

종이 울려서 하늘이는 ＿＿＿＿＿＿＿＿＿＿ 로 얼른 뛰어 들어갔습니다.

2 그림을 보고, 〈보기〉처럼 첫 문장 다음에 일어난 일을 설명하는 문장을 완성해 보세요.

보기

수미는 라면을 끓였습니다.

수미는 라면을 맛있게 먹었습니다.

기린이 생일 파티를 열었습니다.

많은 동물들이 _____.

지원이는 학교에 등교했습니다.

지원이는 _____.

충익이는 친구와 심하게 다퉜습니다.

선생님께서 _____.

1 하나의 사건과 그다음에 일어난 일로 알맞은 것을 찾아 선으로 연결해 보세요.

2 위에 연결한 내용을 바탕으로 〈보기〉처럼 다음에 일어난 일을 설명하는 두 문장을 만들어 보세요.

3 자신이 평소 했던 행동이나 일을 떠올리며 다음에 일어난 일을 빈칸에 써 보세요.

사건	다음에 일어난 일
아침 일찍 등교	교과서 챙기기, 독서

4 위에 적은 내용을 바탕으로 〈보기〉처럼 다음에 일어난 일을 설명하는 두 문장을 만들어 보세요.

> 보기
>
> 나는 아침 일찍 학교에 갔다.
> 오늘 배울 교과서를 챙기고, 자리에 앉아서 책을 읽었다.

❶

❷

09 전체와 부분으로 쓰기

잠자리가 날아다닙니다. 잠자리는 머리, 가슴, 배로 나눌 수 있습니다. (전체: 잠자리, 부분: 머리·가슴·배)

정우는 컴퓨터를 구입하려고 합니다. 컴퓨터는 모니터, 키보드, 본체, 마우스로 구성되어 있습니다.

(전체: 컴퓨터, 부분: 모니터·키보드·본체·마우스)

 어떤 대상을 전체와 부분으로 나누어 설명하는 방법이 있어요. '학용품'은 '연필, 지우개, 가위, 자'라는 부분의 '전체'라고 할 수 있어요. 이처럼 전체와 부분을 나누어 문장을 쓰면 낱말을 이해하는 데 도움이 돼요.

연습하기

1 문방구에서 파는 물건들을 떠올리며 그림을 보고, 문장을 완성해 보세요.

❶ 문방구에서는 여러 가지 ＿＿＿＿＿＿＿을 팝니다.

학용품에는 ＿＿＿＿＿＿＿＿＿＿＿＿＿＿＿＿＿

등의 물건이 있습니다.

❷ 자와 ＿＿＿＿＿＿＿은 여러 가지 종류가 있습니다.

＿＿＿＿＿는 30cm자, 15cm자, 줄자 등이 있고, 필기구는 볼펜, 연필, ＿＿＿＿＿＿＿

등이 있습니다.

2 그림을 보고, 〈보기〉처럼 전체를 부분으로 나누어 설명하는 문장을 완성해 보세요.

과일 가게에서는 다양한 과일을 팝니다.
포도, 수박, 딸기, 바나나 등 여러 가지 과일이 있습니다.

1

세계에는 여러 나라가 있습니다.
-- 등의
나라가 있습니다.

2

중국집에서는 다양한 음식을 먹을 수 있습니다.
-- 등이
있습니다.

3

나비의 몸은 여러 부분으로 나눌 수 있습니다.
나비는 --
-- .

하나 더!

이 단원에서는 전체와 부분에 상하 관계를 포함합니다.

(예) 독도는 섬이다. [상하 관계 – 섬(상), 독도(하)]
컴퓨터에는 모니터가 포함된다. [전체와 부분 관계 – 컴퓨터(전체), 모니터(부분)]

1 그림에 나온 '대상'을 부분으로 나누어 봤어요. 올바른 전체와 부분을 찾아 선으로 연결해 보세요.

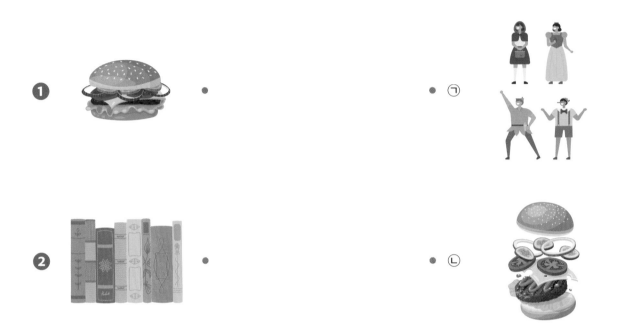

2 위에 연결한 내용을 바탕으로 〈보기〉처럼 전체와 부분으로 설명하는 두 문장을 만들어 보세요.

> 보기　민철이는 장난감 자동차를 분해했습니다.
> 자동차는 바퀴, 핸들, 의자, 엔진 등으로 구성되어 있습니다.

3 전체와 부분으로 나누어 쓰고 싶은 주제를 떠올려서 빈칸에 써 보세요.

전체	부분
하늘	태양, 달, 구름, 별

4 위에 적은 내용을 바탕으로 〈보기〉처럼 전체와 부분으로 설명하는 두 문장을 만들어 보세요.

보기
하늘에는 많은 것이 있습니다.
하늘에는 태양과 달, 구름, 별 등이 있습니다.

❶

❷

10 문제와 해결로 쓰기

수업 중에 오줌이 마렵다. 문제

선생님께 말씀드리고 화장실에 다녀와야겠다. 해결

 알아 두기 문제가 나오면 해결 방법을 찾아야겠죠. 문제가 있고 그에 대한 해결 방법을 제시하는 형태의 글이 있어요. 해결책은 여러 가지가 있으니까 하나의 정답만 찾지 말고, 다양한 해결책을 생각해 보세요.

연습하기

1 하나는 수학을 공부하고 있어요. 〈1+1〉 문제를 푸는 방법에는 어떤 것이 있는지 살펴보고, 문장을 완성해 보세요.

❶ 하나는 〈1+1〉 문제를 풀려고 합니다.

이를 해결하기 위해서 하나는 ＿＿＿＿＿＿＿＿ 여쭤보기로 합니다.

❷ 〈1+1〉을 푸는 여러 가지 ＿＿＿＿＿＿＿ 이 있습니다.

＿＿＿＿＿＿＿을 하나씩 펼쳐서 풀거나 ＿＿＿＿＿＿＿을 세워서 해결할 수도 있습니다.

2 〈보기〉처럼 그림에 나온 문제를 설명하고 해결하는 문장을 완성해 보세요.

보기

교실에 쓰레기가 많이 떨어져 있습니다.

나는 친구들과 함께 교실 청소를 열심히 하겠습니다.

1

훈배가 학교에 가야 하는데 비가 많이 옵니다.

훈배는 ＿＿＿＿＿＿＿＿＿ 챙겨서 나가야 합니다.

2

오이 싫어요.

보배가 싫어하는 오이가 급식으로 나왔습니다.

보배는 선생님께 ＿＿＿＿＿＿＿＿＿＿＿＿＿＿＿＿.

3

필통이 교실 바닥으로 떨어졌습니다.

나는 ＿＿＿＿＿＿＿＿＿＿＿＿＿＿＿＿＿＿＿＿.

1 그림에 나온 문제를 해결하는 방법으로 옳은 것을 찾아 선으로 연결해 보세요.

2 위에 연결한 내용을 바탕으로 〈보기〉처럼 문제와 해결 방법을 설명하는 두 문장을 만들어 보세요.

보기
> 현수는 축구를 잘하고 싶습니다.
> 현수는 축구를 잘하기 위해서 매일 축구 연습을 합니다.

❶

❷

3 자신이 생각하는 문제를 적고, 그 문제를 해결하는 방법을 떠올려서 빈칸에 써 보세요.

문제	해결 방법
수학 시험을 잘 보고 싶다	공부를 열심히 한다 문제집을 푼다

4 위에 적은 내용을 바탕으로 〈보기〉처럼 문제와 해결 방법을 설명한 두 문장을 써 보세요.

보기 나는 학교에서 치는 수학 시험을 잘 보고 싶습니다.
이를 위해 나는 평소에 수학 공부를 열심히 하겠습니다.

❶

❷

원고지 쓰기

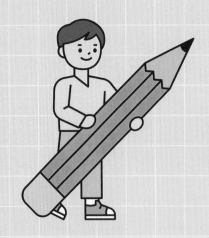

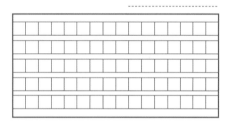

원고지는 글을 쓰기 편리하게 만든 종이예요. 앞으로 글을 쓸 때 원고지를 이용할 일이 점점 많아질 거예요. 이번 단원에서는 지금까지 배운 문장을 원고지에 어떻게 쓸지 알아봐요.

문장을 쓸 때 중요한 것이 몇 가지 있어요. 그중에서도 문장 부호는 문장의 성격을 가르는 중요한 요소예요. 문장에 문장 부호를 달면 읽는 사람에게 문장의 느낌을 확실히 전달할 수 있죠. 또, 문장 부호에 따라 띄어쓰기도 많이 달라져요. 여기서는 원고지에 문장 부호를 쓰는 법과 그에 따라 띄어쓰기를 어떻게 할 수 있는지 공부해 봐요.

01 쉼표, 마침표, 물음표, 느낌표 알기

우영아, 자전거 타러 가자. 지금? 너 학원가는 날이잖아!

쉼표: 부르는 말 뒤에, 여러 낱말을 늘어놓을 때

마침표: 한 문장이 끝날 때

물음표: 물어볼 때, 모르거나 불확실한 내용일 때

느낌표: 감탄이나 놀람, 명령 등 강조할 때

알아 두기 마침표, 물음표, 느낌표는 문장이 끝날 때 맨 뒤에 써요. 쉼표는 특성상 문장 중간에서 많이 사용해요.

연습하기

1 각 문장 부호의 이름을 써 보세요.

❶ ,

❷ .

❸ ?

❹ !

2 문장 부호와 그 쓰임으로 알맞은 것을 골라 선으로 연결해 보세요.

❶ ,

❷ .

❸ ?

❹ !

㉠ 묻는 문장 끝에 쓴다.
모르거나 불확실한 내용일 때 쓴다.

㉡ 느낌을 나타내는 문장 끝에 쓴다.
감탄이나 놀람, 부름 등의 강한 느낌을 나타내는 문장 끝에 쓴다.

㉢ 부르는 말이나 대답하는 말 뒤에 쓴다.
여러 낱말을 늘어놓을 때 쓴다.

㉣ 설명하는 문장 끝에 쓴다.
문장의 마지막에 쓴다.

1 주어진 설명에 맞춰 빈칸에 알맞은 문장 부호를 표시해 보세요.

❶ 사람을 부를 때 ➡ 지현아 ☐

❷ 설명하는 문장의 마지막일 때 ➡ 나는 숙제를 마쳤다 ☐

❸ 물어볼 때 ➡ 밥 먹었니 ☐

❹ 놀람 등 느낌을 나타낼 때 ➡ 깜짝이야 ☐

❺ 여러 개를 늘어놓아 쓸 때 ➡ 동물원에는 기린 ☐ 사자 ☐ 코알라 등이 있다.

2 대화를 보고, 빈칸에 알맞은 문장 부호를 표시해 보세요(답이 꼭 정해져 있지는 않아요. 문장을 소리 내어 읽어 보고, 느낌에 맞게 알맞은 문장 부호를 넣어 보세요).

형님 ☐ 먹을 것 좀 없소 ☐

내가 너 줄 음식이 어디 있느냐 ☐

놀부 형님 ☐ 사정 좀 봐주시구려 ☐

헛소리 말고 어서 꺼지거라 ☐

형님 ☐ 너무하시오 ☐

02 쉼표, 마침표, 물음표, 느낌표 쓰기

영우야,

영	우	야	,

만들었다.

만	들	었	다	.

일어났어?

일	어	났	어	?

행복해!

행	복	해	!

알아 두기 원고지에 문장 부호를 쓸 때는 끝에 글자 다음 칸에 문장 부호를 써요.

연습하기

1 그림을 보고, 빈칸에 알맞은 문장 부호를 표시해 보세요.

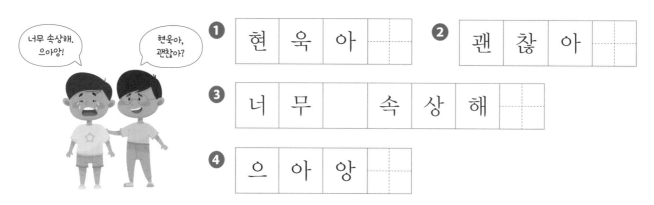

❶
현	욱	아	

❷
괜	찮	아	

❸
너	무		속	상	해	

❹
으	아	앙	

2 위의 대화를 원고지에 옮겨 적었어요. 읽으면서 빠진 문장 부호를 표시해 보세요.

	현	욱	아		괜	찮	아			
	으	아	앙			지	호	야	,	엄	마
한	테		혼	나	서		너	무		속	상
해										

직접 써 보기

1 빈칸에 알맞은 문장 부호를 표시해 보세요.

❶

	홍	익	아		이	번		생	일		파
티	에		올		수		있	어			

❷

	이	번	에		사	과	가		아	주	
잘		익	었	어							

❸

	야	호			기	분	이		정	말	
좋	구	나									

❹

	나	는		햄	버	거		피	자		치
킨	을		좋	아	한	다					

2 원고지에 쓴 다음 글에 알맞은 문장 부호를 표시해 보세요.

	민	정	아	,	잘		지	내		네
가		빌	려	준		책	은		재	미	있
게		잘		읽	었	어		너	무		고
마	워		그	럼		안	녕			

03 원고지 규칙 알고 따라 쓰기

원고지 규칙 1)

/	나	는		학	교	에		갔	습	니
다	.									

알아 두기 글의 첫머리는 한 칸을 비우고 둘째 칸부터 써요. 첫 칸을 비우는 것은 새로운 내용을 시작한다는 뜻이에요. 첫 줄의 첫 칸은 비우고, 둘째 줄부터는 첫 칸을 비우지 않아요.

연습하기 원고지 규칙에 맞게 문장을 원고지에 올바르게 옮겨 써 보세요.

❶ 어머니께서 토끼 인형을 선물해 주셨습니다.

❷ 식목일에 부모님과 나무를 심다 보니 벌써 해가 지고 있습니다.

원고지 규칙 2)

/	아	침	을		먹	고		훈	배	와	∨
함	께		학	교	에		갔	다	.		

알아 두기 줄의 맨 끝에 띄어쓰기를 할 칸이 없을 경우에는 맨 마지막 칸 옆에 띄어쓰기 표시(∨)를 하고 다음 줄 첫 칸부터 써요.

연습하기 원고지 규칙에 맞게 문장을 원고지에 올바르게 옮겨 써 보세요.

❶ 엄마와 나는 햄스터의 집을 열심히 만들어 주었습니다.

❷ 현우는 앞으로 수학을 열심히 공부하겠다고 다짐했습니다.

	소	풍	에		무	슨		음	식	을
싸		갈	까	?	∨	김	밥	,	유	부	초
밥		등		너	무		많	아	서		못
고	르	겠	다	.	너	는		골	랐	어	?

알아 두기 물음표(?), 느낌표(!) 다음 칸은 비워 두는 것이 원칙이에요. 하지만 쉼표(,)와 마침표(.) 다음에는 칸을 비우지 않아요.

연습하기 원고지 규칙에 맞게 문장을 원고지에 올바르게 옮겨 써 보세요.

❶ 아침에 비가 많이 왔다. 오후에는 날씨가 개고, 공기가 맑았다.

❷ 끼익! 횡단보도에 차가 급히 멈췄다. 큰 사고가 날 뻔했다.

직접 써 보기 원고지 규칙에 맞게 문장을 원고지에 올바르게 옮겨 써 보세요.

1 우리 반은 동물원에 소풍을 갔습니다. 동물원에서 사자, 호랑이, 다람쥐, 코끼리, 뱀 등 많은 동물을 봤습니다.

	우								에	
		을					.	동		
			,							
				뱀						
					다					

2 아이가 엉덩이를 실룩대며 달려왔습니다. 엄마는 토끼 같은 아이를 힘껏 껴안았습니다.

							를			
		달						엄		
					은					
					니					

3 국어와 수학은 모두 학교에서 배운다. 국어에서는 글을 배우고, 수학에서는 수를 계산한다.

		와						모		
학										
		글								
							산			

4 안녕? 영희야. 나 철이야. 이번에 봄꽃이 너무 예쁘게 피었더라! 이번 주말에 같이 봄꽃 구경 가지 않을래?

			?					.		
		.								
										!
									?	

5 교실에서 떠들지 맙시다! 왜냐하면 교실에서 떠들면 시끄러워서 수업에 집중할 수 없기 때문입니다.

		실								맙	
			왜								
						수					
	입										

6 지훈아! 필통 안에 가위, 자, 연필이 들어 있어. 이 지우개와 볼펜을 넣어 줄래?

					필				
있			이						

7 어이쿠! 운동장에서 승희는 크게 넘어졌습니다. 동만이와 현욱이가 얼른 뛰어와서 승희를 일으켜 주었습니다.

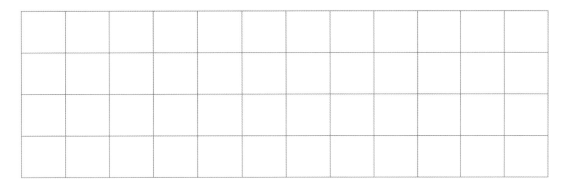

8 숙소는 괜찮으셨나요? 음식은 입맛에 맞으셨고요? 다음번에 꼭 다시 뵙길 바랍니다.

9 으악! 내 신발! 달리기 시합 결승점 앞에서 신발이 벗겨졌다. 나는 이 상황에서 어떻게 해야 할까?

6단원부터는 두 문장 쓰기에서 세 문장 쓰기로 한 문장을 더 추가해서 써 보려고 해요. 한 문장을 더 쓴다고 해서 크게 걱정할 필요는 없어요. 앞서 쓴 두 문장의 내용에 어울리는 '사실'이나 '의견'을 한 문장 더 보충하면 되거든요. 그럼, 4단원에서 배운 두 문장에 사실이나 의견 한 문장을 추가한 예를 살펴볼까요?

1. 예를 들어 쓰기

빵집에는 여러 가지 빵이 있습니다. 예를 들면, 크루아상, 소시지빵, 카스테라, 단팥빵, 크림빵 등이 있습니다. 나는 그중에서도 단팥빵을 가장 좋아합니다. (의견 추가)

2. 빗대어 쓰기

하얀 눈이 소복하게 쌓여 있습니다. 눈은 마시멜로처럼 폭신폭신합니다. 나는 눈 속에서 동생과 함께 눈사람을 만들었습니다. (사실 추가)

3. 비교·대조하여 쓰기

수박은 여름에 나는 과일입니다. 그리고 참외도 여름에 나는 과일입니다. 하지만 딸기는 봄과 겨울에 나는 과일입니다. (사실 추가)

4. 원인과 결과로 쓰기

나는 어제 밤늦게까지 컴퓨터 게임을 했습니다. 그래서 나는 학교에서 졸았습니다. 선생님께서 졸고 있던 나에게 정신 차리라고 말씀하셨습니다. (사실 추가)

5. 다음에 일어난 일 쓰기

진우는 도서관에 갔습니다. 먼저 빌릴 책을 컴퓨터로 검색하고, 서가에서 책을 찾았습니다. 진우는 도서관에서 스스로 책을 빌려서 뿌듯했습니다. (의견 추가)

6. 전체와 부분으로 쓰기

나는 컴퓨터를 사려고 합니다. 컴퓨터는 모니터, 키보드, 본체, 마우스로 구성되어 있습니다. 나는 그중에서 모니터가 크고 튼튼하면 좋겠습니다. (의견 추가)

7. 문제와 해결로 쓰기

수업 중에 오줌이 마려웠다. 나는 선생님께 말씀드리고 화장실에 다녀와야겠다고 생각했다. 하지만 선생님께 말씀드리기가 조금 창피했다. (의견 추가)

6단원

장르 및 목적에
따라 글쓰기

이것을 배워요!

우리 주위에서 벌어지는 다양한 일을 주제로 간단한 글을 써 봐요. 지금까지 배운 여러 가지 문장을 토대로 여러 가지 종류의 재미있는 글을 쓸 수 있을 거예요. 글 쓰는 것을 너무 두려워하지 마세요. 조금씩 차례차례 연습하면 어느새 머릿속 생각이 글로 완성되는 경험을 할 수 있어요. 꾸준히 한 걸음씩 나아가 봐요.

01 그림일기 쓰기

 나는 하루에 겪은 일 중 인상 깊은 사건을 그림일기로 쓰고 있어.

 쓸 내용이 생각나지 않을 때는 먼저 그림부터 그리고 난 후에 글을 쓰기도 해.

 일기를 쓸 때 내 행동에 대한 생각이나 느낌을 표현하는 데 중점을 두고 있어.

알아 두기 일기는 그날의 일과 느낌 등을 적는 기록이에요. 쓰고 싶은 글감을 그림으로 표현하면 그것이 바로 그림일기가 돼요. 하루 전체 일을 나열하기보다는 하나의 인상 깊은 일을 '쓸거리'로 삼고, 거기에 대한 생각과 느낌을 적으면 좋은 그림일기를 쓸 수 있어요.

연습하기 [1~2] 그림일기를 소리 내어 읽고, 질문에 답하세요.

1 정신이 없어 뱅글뱅글한 '나의 얼굴'을 그려 보세요.

날짜	2000년 3월 2일	날씨	맑았다가 흐려짐, 결국 비가 옴 ㅜㅜ

제목:

나는 오늘 처음 학교에 갔다. 모르는 아이들이 많아서 걱정이 됐다.
친구가 나에게 말을 걸었지만 나는 뱅글뱅글 정신이 없었다.

2 〈보기〉의 낱말을 사용해서 그림일기에 알맞은 제목을 써 보세요.

> 보기   시끌벅적, 뱅글뱅글, 입학, 교실, 친구, 우물쭈물, 정신없는

교실은 시끌벅적,

3 동만이의 일과표를 보고, 무슨 주제로 일기를 쓸 수 있을지 아래에서 모두 찾아 ○표를 해 보세요.

시간대	있었던 일
07:30~8:00	아침 식사 (미역국 먹음)
08:00~8:40	아빠와 함께 등교
09:00~12:10	수업, 휴식 시간 (선생님께서 재미있는 이야기를 해 주심)
12:10~12:40	점심 식사 (내가 싫어하는 카레가 나옴)
12:40~13:00	친구들과 술래잡기
13:00~14:00	수업, 하교 정리
14:30~16:00	엄마와 책 읽기 (동생과 읽고 싶은 책이 같아서 다툼)
16:30~17:30	미술 학원
18:00~19:00	저녁 식사 (가족과 삼겹살 먹음)
21:00~21:30	일기 쓰기
22:00~	꿈나라

미역국을 먹은 일, 하루 전체에 있었던 일 전부,
동생과 다퉜을 때 든 기분, 카레 먹을 때 나의 마음,
아빠와 함께 등교한 일, 술래잡기를 할 때 생긴 일,
엄마와 읽은 책, 삼겹살의 맛

[1~5] 오늘 하루 일어났던 일을 떠올리며 질문에 답하세요.

1 오늘 하루 일 중 생각나는 일을 마음껏 써 보세요.

> 늦잠 잔 일, 친구와 급식 줄 서는 문제로 다툰 일.

2 질문에 대한 답을 주어진 예시 문장처럼 한 문장씩 써 보세요.

❶ 오늘 무슨 일을 했던 게 가장 기억에 남았나요?

> **예시** 급식을 먹으러 갈 때, 나는 지훈이와 다퉜다.
>
> ➡ ---

❷ 그 일은 무슨 이유 때문에 발생했나요?

> **예시** 오늘은 내가 앞에 서는 날인데, 지훈이가 새치기를 했다.
>
> ➡ ---

❸ 그 일에 대한 생각이나 느낌을 써 보세요.

> **예시** 내 자리를 새치기한 지훈이 때문에 나는 기분이 나빴다.
>
> ➡ ---

3 옆에 정리한 내용을 바탕으로 그림일기를 완성해 보세요.

날짜	20 년 월 일	날씨	
제목:			

4 위에 쓴 그림일기를 다시 읽고, 더 쓰고 싶은 문장이 있는지 생각해 보세요.

5 위에 쓴 일기의 내용 중 좋은 점을 생각해 보세요.

02 생일 초대장 쓰기

 생일 파티가 열리는 날짜, 시각, 장소를 정확하게 적어 줘야 해.

 나는 편지 형식으로 간단히 작성했어.

 생일에 어울리는 그림이나 사진을 넣으면 좋은 생일 초대장이 될 거야.

알아 두기 생일 초대장은 여러 가지 형식으로 쓸 수 있어요. 하지만 초대장에 '날짜와 시간, 장소, 연락처'는 꼭 적어야 초대장을 받은 친구가 초대에 응할 수 있겠죠! 생일에 초대하는 간단한 인사말과 함께 생일 파티에 관한 내용을 초대장에 적어서 친구들을 초대해 보세요.

연습하기

1 생일 초대장을 읽고, 〈보기〉의 낱말을 사용해서 빈칸에 알맞은 말을 써 보세요.

수미의 생일 초대장	
안녕? 동석아. 생일 파티를 할 거야. 와서 축하해 줘. 날짜랑 시간, 장소는 아래에 있어. 꼭 참석해 주면 좋겠어.	
❶	4월 8일 금요일 12:00 ~ 15:00
❷	수미네 집(사랑아파트 101동 1306호)
❸	010-0000-0000

> **보기** 내 이름, 장소, 학원 주소, 연락처, 날짜와 시간, 참석하는 아이들 이름

2 친구에게 초대장을 줄 때 무슨 말을 하고 전해 줄까요? 〈보기〉처럼 간단히 써 보세요.

> 보기
>
> 생일 파티를 열려고 해. 이거 보고 꼭 참석해 주면 좋겠어.

----

3 희철이와 하나의 생일 초대장을 살펴보고, 각각 초대한 사람이 누군지 써 보세요.

1 10월 5일 수요일, 1학년 1반 친구들을 희철이의 생일에 초대합니다!

얘들아! 안녕?
생일 파티에 우리 반 모두를 초대하려고 해.
맛있는 음식과 재미있는 놀이를 준비했어.
많이 와서 축하해 주라.

시간: 12:00부터 시작하려고 해.
장소: 한솔키즈 카페

2 하나의 생일 초대장

안녕! 희주야.
이번 생일에 너를 초대하려고 해.
이번 주 토요일 우리 집에서 오후 1시에 만나자.
와 줄 수 있지?
만나서 재미있게 놀자.

너희 친구 하나가

❶	**희철이가 초대한 친구**	
❷	**하나가 초대한 친구**	

[1~6] 생일 초대장에 쓸 내용을 떠올리며 질문에 답하세요.

1 자신의 생일 날짜와 초대하고 싶은 친구의 이름을 써 보세요.

나의 생일	월 일 요일
초대하고 싶은 친구	

2 생일 파티를 열고 싶은 장소와 먹고 싶은 음식을 써 보세요.

생일 파티 장소	
먹고 싶은 음식	

3 질문에 대한 답을 주어진 예시 문장처럼 써 보세요.

❶ 친구에게 생일 파티의 날짜와 시간, 장소를 알려 주세요.

> 예시 승희야, 내 생일 파티가 10월 25일 토요일 14:00에 하늘정원 카페에서 열려.
>
> ➡ ---

❷ 친구에게 생일 파티에 참석해 줬으면 좋겠다는 말을 써 보세요.

> 예시 나는 네가 생일 파티에 참석해 주면 고맙겠어.
>
> ➡ ---

❸ 생일 파티를 위해 무엇을 준비할 것인지 친구에게 알려 주세요.

> 예시 생일 파티에 케이크와 함께 네가 좋아하는 피자도 준비할 거야.
>
> ➡ ---

4 옆에 정리한 내용을 바탕으로 생일 초대장을 써 보세요.

_____ 의 생일 초대장	

*여기 빈칸에는 생일 초대장에 어울리는 그림을 그려 보세요.

날짜	
시간	
장소	

5 위의 생일 초대장을 다시 읽어 보고, 빠진 점은 없는지 확인해 보세요.

6 생일 초대장을 친구에게 전달할 때를 상상하며, 생일 초대장을 줄 때 할 말을 연습해 보세요.

03 친구 소개 글쓰기

 인물의 특징이 잘 드러나도록 써야 해.

 글을 읽는 사람이 친구에 대해 궁금해할 내용을 생각해서 쓰면 좋을 것 같아.

 친구를 소개하는 글에는 친구의 모습이나 성격, 좋아하거나 잘하는 것을 쓰면 좋아.

 '친구 소개 글은 다른 사람에게 자신이 소개하고 싶은 친구의 정보를 설명하는 글이에요. 그러니까 사람을 소개하는 글에는 그 사람의 나이, 성별, 모습이나 성격, 특징, 잘하고 좋아하는 것, 장래희망 등이 들어가면 좋아요.

연습하기 [1~3] 상미가 영길이를 소개하는 글을 읽고, 질문에 답하세요.

1 소개하는 글을 소리 내어 읽어 보세요.

내 친구 영길이	모습	키가 큼, 안경을 씀
	성격	활달, 배려
	좋아하는 것	체육, 특히 피구

제가 소개할 친구는 영길이입니다.
영길이는 키가 크고, 안경을 썼습니다.
성격이 활달하고, 친구를 배려합니다.
영길이는 체육을 좋아하고, 특히 피구를 잘합니다.

2 상미가 영길이를 소개하기 위해서 조사한 내용을 모두 찾아 ○표를 해 보세요.

모습, 좋아하는 색깔, 혈액형, 성격, 아버지 이름, 좋아하는 것

3 상미에게 영길이에 대해 더 알고 싶은 점을 〈보기〉처럼 써 보세요.

보기　　　　　상미야, 나는 영길이가 '좋아하는 책'을 알고 싶어.

4 홍철이가 은혜를 소개하는 글을 어떻게 쓸지 생각한 내용을 읽고, 소개하는 글에 더 쓸 내용으로 무엇이 있는지 빈칸에 써 보세요.

① 소개할 친구를 정합니다.	나는 친구 은혜를 소개할래.
② 소개할 내용을 정합니다.	나는 은혜의 얼굴 생김새와 성격, 그리고 좋아하는 색깔을 쓸 거야.
③ 인물을 소개하는 글을 씁니다.	은혜의 특징이 드러나게 글을 써야지.
④ 그림을 그리고 색칠을 해서 꾸밉니다.	은혜의 특징이 돋보이게 그림을 그려야겠다.

은혜의 장래 희망,

1 자기가 소개하고 싶은 친구와 소개하고 싶은 내용을 세 가지만 써 보세요.

소개하고 싶은 친구		소개하고 싶은 내용	생일,

2 자기가 친구에 관해 소개하고 싶은 내용을 조사해 빈칸에 써 보세요.

생일			

3 질문에 대한 답을 주어진 예시 문장처럼 써 보세요.

❶ 소개하고 싶은 친구는 누구인가요?

> **예시** 제가 소개하고 싶은 친구는 박현욱입니다.
>
> ➡ --

❷ 친구에 관해 소개하고 싶은 내용을 써 보세요.

> **예시** 현욱이는 배려심이 많고 착합니다. 키는 작지만 농구 선수가 되는 것이 꿈입니다.
>
> ➡ --

❸ 다른 사람이 알고 싶어 할 수 있는 내용을 더 써 보세요.

> **예시** 게다가 현욱이는 달리기 선수로 뽑힐 정도로 운동을 잘합니다.
>
> ➡ --

4 옆에 정리한 내용을 바탕으로 친구를 소개하는 글을 써 보세요.

---------------------------를 소개해요!

*여기 빈칸에는 친구의 얼굴을 특징을 살려 그려 보세요.

---

5 위에 쓴 친구 소개 글을 다시 읽어 보고, 빠진 점은 없는지 확인해 보세요.

6 다른 친구에게 전화 통화를 하며 위의 친구를 소개하려고 해요. 어떻게 소개할 수 있을지 통화하는 상상을 하며 부모님과 대화를 나누어 보세요.

04 가고 싶은 곳 설명하는 글쓰기

 가고 싶은 곳을 확실히 말하면 좋겠어.

 가고 싶은 적절한 이유를 쓰면 가족을 설득할 수 있을 거야.

 가족 모두가 함께 가면 좋을 이유를 쓰면 좋겠어.

알아 두기 가족에게 휴일에 자신이 가고 싶은 곳을 적절한 이유를 들어 설명해 보세요. 그 의견에 가족 모두가 동의하면 내가 가고 싶은 곳에 갈 수 있겠죠? 가족 모두가 가고 싶은 곳이 다를 수 있어요. 자기 생각만 주장하지 말고, 남의 의견도 존중하며 좋은 글을 써 보세요.

연습하기 [1~2] 휴일에 가고 싶은 곳에 관한 글을 읽고, 질문에 답하세요.

1 원실이의 글을 소리 내어 읽어 보세요.

가고 싶은 곳	포켓몬 전시회	이유	가까운 곳에서 열림 동생과 나는 피카츄를 제일 좋아함

이번 주말에 포켓몬 전시회에 가고 싶습니다.
가까운 미술관에서 포켓몬 전시회가 열립니다.
피카츄는 저와 동생이 가장 좋아하는 캐릭터입니다.
그래서 이번 주말에 포켓몬 전시회에 꼭 가면 좋겠습니다.

2 원실이의 글에서 의견과 이유에 해당하는 내용을 선으로 연결해 보세요.

❶ 포켓몬 전시회에 가고 싶다. •

                           • ㉠ 의견

❷ 가까운 곳에서 전시회가 열린다. •

                           • ㉡ 이유

❸ 동생과 나는 피카츄를 가장 좋아한다. •

3 다음은 어머니와 아버지가 각자 휴일에 가고 싶은 곳에 관한 내용입니다. 어머니와 아버지가 그 곳에 가고 싶은 '이유'를 찾아 각각 빈칸에 써 보세요.

나는 이번 휴일에 동물원에 가고 싶어.
동물원에 판다가 새로 왔다고 해. 다 같이
판다를 보면 즐거울 거야. 동물원 갔다가
오는 길에 엄마가 필요한 물건을 좀 사자.
이번 휴일에는 동물원에 가 보자!

이번 휴일에 바다에 가고 싶구나.
나는 낚시를 정말 좋아하거든.
또, 바다에 가면 가족과 함께
맛있는 생선 요리를 먹을 수 있을 거야.
바다에 가서 재미있게 놀자꾸나!

어머니	판다가 새로 왔다.
아버지	

잠깐만!! 휴일에는 가족 모두가 행복한 곳으로 가야겠죠. 혼자만
좋은 이유를 쓴다면 다른 가족은 그곳에 가고 싶지 않을 거예요.

1 자기가 휴일에 가고 싶은 곳과 그곳에 가고 싶은 이유를 생각나는 대로 써 보세요.

휴일에 가고 싶은 곳	
가고 싶은 이유	

2 질문에 대한 답을 주어진 예시 문장처럼 써 보세요.

❶ 자신이 휴일에 가고 싶은 곳은 어디인가요?

> **예시** 저는 이번 휴일에 놀이공원에 가고 싶습니다.
>
> ➡

❷ 그곳에 가고 싶은 이유는 무엇인가요?

> **예시** 놀이공원에 가면 재미있는 놀이 기구를 탈 수 있습니다.
>
> ➡

❸ 휴일에 그곳에 가면 어떤 점이 좋은지 더 써 보세요.

> **예시** 재미있는 놀이 기구를 타면 스트레스를 풀 수 있습니다.
>
> ➡

3 옆에 정리한 내용을 바탕으로 휴일에 가고 싶은 곳을 글로 써 보세요.

휴일에 _____ 에 가요!

*여기 빈칸에는 휴일에 가고 싶은 곳을 간단히 그려 보세요.

4 위에 쓴 글을 다시 읽어 보고, 빠진 점은 없는지 확인해 보세요.

5 글의 마지막에 휴일에 가고 싶은 곳에 대해서 '한번 더 강조해서 쓰면' 어떤 효과가 있을지 생각해 보세요.

6 부모님이 가고 싶은 곳과 내가 가고 싶은 곳이 다르다면 왜 다를지 생각해 보세요.

7단원

여러 가지 글 익히기

이것을 배워요!

학교에 가면 여러 가지 글을 배워요. 대표적으로 독서 감상문이나 수학·과학 글쓰기가 있지요. 이렇게 다양한 주제의 글은 그림 그리기와 마인드맵을 활용하면 좀 더 쉽게 쓸 수 있어요. 여기서는 그림 그리기와 마인드맵을 배우고, 이를 활용해서 여러 가지 글을 짜임새 있게 써 봐요.

01 그림 그리기

알아 두기 글을 쓰기 전에 쓸거리를 그림으로 표현해 보면 쓸 내용을 자유롭게 떠올릴 수 있어요. 그림으로 '사실'도 나타내고, 사람들의 표정과 같은 '의견'도 표현할 수 있죠. 그림 속의 여러 가지 모습을 보면 더 좋은 글을 쓸 수 있을 거예요.

연습하기 [1~2] 그림을 보고, 질문에 답해 보세요.

1 소미가 하루 동안 있었던 일 중 인상 깊게 느낀 일은 무엇인지 모두 골라 ○표를 해 보세요.

㉠ 친구들과 줄넘기를 한 일이 기억에 남습니다. ☐

㉡ 친구가 줄에 걸려 넘어진 일이 기억에 남습니다. ☐

㉢ 친구들과 공을 찬 일이 기억에 남습니다. ☐

2 위의 그림을 그리고 소미가 쓴 글이에요. 빈칸에 알맞은 말을 써 보세요.

> 오늘 학교에서 친구들과 함께 _____ 를 했습니다.
>
> 나는 줄을 잘 넘어서 기분이 _____ .
>
> 태완이는 줄에 걸려서 _____ .

직접 써 보기 [1~4] 그림을 그리고, 글을 써 보세요.

1 '맛있게 먹었던 음식' 하면 떠오르는 생각을 빈칸에 〈보기〉처럼 그림으로 그려 보세요.

보기

2 무슨 그림을 그렸는지 〈보기〉처럼 한 문장으로 써 보세요.

> 보기   뜨거운 여름날에 나는 친구들과 아이스크림을 먹었다.

➡ --

3 그림을 보고 떠오르는 생각을 〈보기〉처럼 한 문장으로 써 보세요.

> 보기   아이스크림이 너무 맛있어서 행복했다.

➡ --

4 더 쓰고 싶은 내용이 있으면 〈보기〉처럼 한 문장으로 써 보세요.

> 보기   다음에 또 친구들과 함께 아이스크림을 먹고 싶다.

➡ --

02 마인드맵 그리기

알아 두기 글을 쓰기 전에 마인드맵을 이용해 쓸 내용을 자유롭게 떠올릴 수 있어요. 또, 기준을 정해서 마인드맵을 그린다면 쓸 내용을 체계적으로 정리할 수 있죠. 자신의 생각을 마인드맵으로 정리하고, 어떤 내용을 글로 쓸지 결정해 보세요.

연습하기 [1~2] '여행 가고 싶은 곳' 마인드맵을 보고, 질문에 답해 보세요.

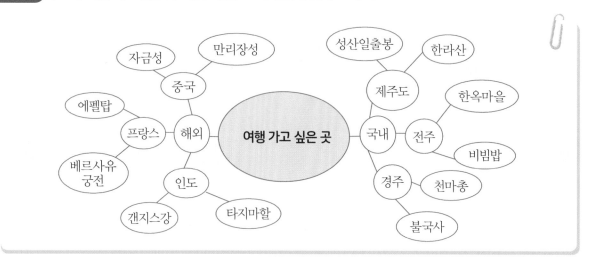

1 '여행 가고 싶은 곳'을 주제로 쓸 수 있는 내용으로 올바른 것을 모두 골라 ○표를 해 보세요.

㉠ 우주에 가서 하고 싶은 일을 재미있게 쓸 수 있습니다.

㉡ 자신이 여행 가고 싶은 곳을 국내와 해외로 나누어 설명할 수 있습니다.

㉢ 전주에 가서 보고 싶은 장소와 먹고 싶은 음식을 쓸 수 있습니다.

2 위의 마인드맵을 만들고 쓴 글이에요. 빈칸에 알맞은 말을 써 보세요.

저는 제주도로 _____ .

제주도에 가서 _____ 을 구경하고 싶습니다.

왜냐하면 성산일출봉과 한라산은 세계 자연 유산으로 선정되었기 때문입니다.

직접 써 보기   [1~4] 마인드맵을 만들고, 이를 바탕으로 글을 써 보세요.

1 '동물'에 관해 떠오르는 생각을 마인드맵으로 나타내 보세요.

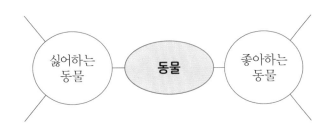

2 마인드맵을 바탕으로 '동물'에 관해 〈보기〉처럼 한 문장으로 써 보세요.

> 보기   나는 좋아하는 동물과 싫어하는 동물이 있다.

➡ --

3 마인드맵을 바탕으로 위의 문장에 이어지는 문장을 〈보기〉처럼 한 문장으로 써 보세요.

> 보기   예를 들면, 좋아하는 동물은 곰과 판다이고 싫어하는 동물은 스컹크와 다람쥐이다.

➡ --

4 더 쓰고 싶은 내용이 있으면 〈보기〉처럼 한 문장으로 써 보세요.

> 보기   이번에 동물원에 가서 곰과 판다를 마음껏 보고 싶다.

➡ --

03 책 읽고 생각이나 느낌 표현하기

 알아 두기 책을 읽고 난 후, 글에 대한 자신의 생각이나 느낌을 표현한 글을 '독서 감상문'이라고 해요. 책에서 인상 깊은 장면을 짧게 쓰고, 그에 대한 생각이나 느낌을 써 보세요. 독서 감상문이 잘 써지지 않을 때는 그림이나 만화를 그려도 좋아요.

연습하기

1 지훈이가 쓴 독서 감상문의 문장을 '사실'과 '의견'으로 나누어 선으로 연결해 보세요.

심청이가 아버지의 눈을 뜨게 하려고 바다에 몸을 던졌다. 나는 심청이가 바보 같다는 생각이 들었다. 왜냐하면 죽는 것보다 살아서 아버지를 모시면 더 행복할 거라고 생각하기 때문이다.

① 심청이가 아버지의 눈을 뜨게 하려고 바다에 몸을 던졌다.

② 나는 심청이가 바보 같다는 생각이 들었다.

③ 왜냐하면 죽는 것보다 살아서 아버지를 모시면 더 행복할 거라고 생각하기 때문이다.

⊙ 사실

ⓒ 의견

2 독서 감상문을 쓸 때 들어가면 좋을 내용을 아래에서 모두 찾아 ○표를 해 보세요.

줄거리, 책에 대한 자신의 생각이나 느낌, 책을 읽은 이유, 책의 가격,
독서 감상문의 제목, 등장인물, 책을 구입한 날짜, 책을 산 장소

[3~4] 〈토끼와 거북이〉 독서 감상문을 읽고, 질문에 답하세요.

선생님께서 추천해 주셔서 〈토끼와 거북이〉를 읽게 되었다. 달리기 시합에서 거북이가 토끼를 이기는 내용이다. 이 책을 읽고 꾸준히 노력하면 못할 일이 없겠다는 생각이 들었다.

3 〈토끼와 거북이〉 독서 감상문에 들어간 내용으로 옳은 것을 모두 골라 ○표를 해 보세요.

㉠ 책을 읽은 이유 ☐

㉡ 줄거리 ☐

㉢ 이야기에 대한 생각이나 느낌 ☐

4 그림에 비어 있는 토끼와 거북이의 표정을 그려 보세요.

직접 써 보기 [1~4] 그림을 그리고, 독서 감상문을 써 보세요.

1 재미있게 읽었던 책 중에서 '인상 깊은 장면'을 떠올려 빈칸에 〈보기〉처럼 그림으로 그려 보세요 (인상 깊은 장면이 떠오르지 않으면 책 표지에 있는 그림을 따라 그려도 좋아요).

보기

2 위에 그린 책을 읽은 이유가 무엇인지 〈보기〉처럼 한 문장으로 써 보세요.

보기   책장 안에 있는 책이 재미있어 보여서 읽게 되었다.

➡ --

3 위에 그린 그림을 바탕으로 책의 줄거리를 〈보기〉처럼 한 문장으로 써 보세요.

보기   못된 늑대가 아기 돼지 삼 형제를 괴롭히지만 부지런한 셋째 덕분에
늑대를 물리칠 수 있었다는 이야기이다.

➡ --

4 책의 줄거리에 대한 자신의 생각과 느낌을 〈보기〉처럼 한 문장으로 써 보세요.

보기   나도 셋째 돼지처럼 부지런히 살아야겠다는 생각이 들었다.

➡ --

[5~8] 마인드맵을 만들고, 독서 감상문을 써 보세요.

5 재미있게 읽었던 책 중에서 한 권을 골라 마인드맵을 완성해 보세요.

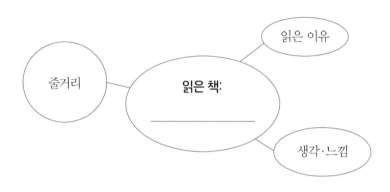

6 위의 마인드맵에 적은 '책을 읽은 이유'를 〈보기〉처럼 한 문장으로 써 보세요.

> 보기
>
> 친구 지은이가 읽는 것을 보고 나도 읽어 보고 싶었다.

➡ --

7 위의 마인드맵에 적은 '책의 줄거리'를 〈보기〉처럼 한 문장으로 써 보세요.

> 보기
>
> 흥부는 착한 일을 해서 복을 받고, 놀부는 나쁜 일을 저질러서 벌을 받는다.

➡ --

8 위의 마인드맵에 적은 '책에 대한 생각이나 느낌'을 〈보기〉처럼 한 문장으로 써 보세요.

> 보기
>
> 〈흥부와 놀부〉를 읽고 착하게 살아야겠다는 생각을 하게 되었다.

➡ --

04 덧셈과 뺄셈 문제 만들기

 두 가지를 모두 합하는 상황을 생각해서 문제를 만들고 있어.

 한 가지 양이 줄어드는 경우를 생각하고 뺄셈 문제를 만들어.

알아 두기   학교에 들어가서 배우는 교과서 내용을 글로 표현해 봐요. 수학 교과서에서는 덧셈과 뺄셈을 배워요. 덧셈과 뺄셈의 의미를 알고, 그와 관련된 문제를 만들어 보세요.

연습하기   [1~2] 그림과 설명을 보고, 질문에 답해 보세요.

은혜	두 가지를 모두 합하는 상황을 생각해서 문제를 만들고 있어.
수영	한 가지가 더 늘어나는 경우를 생각하고 덧셈 문제를 만들어.

1 은혜와 수영이가 위의 그림을 보고 덧셈 문제를 만들었어요. 올바른 것을 찾아 선으로 연결해 보세요.

❶ 문어 세 마리가 있습니다. 문어 네 마리가 더 왔습니다. 문어는 모두 몇 마리가 됐나요?   •

  • ㉠ 은혜

❷ 고래가 한 마리 있습니다. 상어는 다섯 마리 있습니다. 고래와 상어는 모두 몇 마리일까요?   •

  • ㉡ 수영

2 은혜와 수영이가 만든 덧셈 문제의 식을 각각 써 보세요.

은혜	1+5=6	수영	

[3~4] 그림과 설명을 보고, 질문에 답해 보세요.

지민	누가 더 많은지 서로 비교하는 뺄셈 문제를 만들 수 있어.
충익	한 가지 양이 줄어드는 경우를 생각하고 뺄셈 문제를 만들어.

3 지민이와 충익이가 위의 그림을 보고 뺄셈 문제를 만들었어요. 올바른 것을 찾아 선으로 연결해 보세요.

❶ 남자아이가 4명 있습니다. 그리고 여자아이는 3명 있습니다. 남자아이는 여자아이보다 몇 명 더 많나요?　　•

•　㉠　지민

❷ 7명의 친구가 풍선을 들고 있었습니다. 이때 한 친구의 풍선이 터져 버렸습니다. 남은 풍선은 몇 개일까요?　　•

•　㉡　충익

4 지민와 충익이가 만든 뺄셈 문제의 식을 각각 써 보세요.

지민	4-3=1	충익	

직접 써 보기 [1~5] 그림을 그리고, 덧셈 문제를 만들어 보세요.

1 자신이 만들고 싶은 덧셈식을 〈보기〉처럼 써 보세요.

보기　　　　　5+2=7　　　　　➡　_____

2 무언가를 합하거나 늘리는 상황을 떠올려 빈칸에 〈보기〉처럼 그려 보세요.

보기
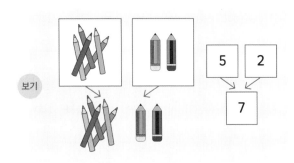

3 만들고 싶은 덧셈식의 첫 번째 숫자를 나타내는 문장을 〈보기〉처럼 한 문장으로 써 보세요.

보기　　　　　　　연필이 다섯 자루 있습니다.

➡　_____

4 만들고 싶은 덧셈식의 두 번째 숫자를 나타내는 문장을 〈보기〉처럼 한 문장으로 써 보세요.

보기　　　　　　　엄마가 연필을 두 자루 더 샀습니다.

➡　_____

5 구하고자 하는 것을 묻는 문장을 〈보기〉처럼 한 문장으로 써 보세요.

보기　　　　　　　연필은 모두 몇 자루가 됐을까요?

➡　_____

[6~10] 마인드맵을 완성하고, 뺄셈 문제를 만들어 보세요.

6 자신이 만들고 싶은 뺄셈식을 〈보기〉처럼 써 보세요.

보기　　　　7-2=5　　　➡ _____

7 무언가를 비교하거나 줄이는 상황을 떠올려 빈칸에 〈보기〉처럼 마인드맵을 완성해 보세요.

보기
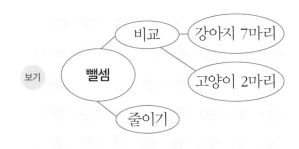

8 만들고 싶은 뺄셈식의 첫 번째 숫자를 나타내는 문장을 〈보기〉처럼 한 문장으로 써 보세요.

보기　　　　　　강아지가 일곱 마리 있습니다.

➡ _____

9 만들고 싶은 뺄셈식의 두 번째 숫자를 나타내는 문장을 〈보기〉처럼 한 문장으로 써 보세요.

보기　　　　　　고양이는 두 마리가 있습니다.

➡ _____

10 구하고자 하는 것을 묻는 문장을 〈보기〉처럼 한 문장으로 써 보세요.

보기　　　　　강아지는 고양이보다 몇 마리 더 있나요?

➡ _____

05 계절 특징 설명하기

다른 계절과 다르게 그 계절만 가진 독특한 면을 설명할 거야.

날씨나 온도 등 그 계절에만 나타나는 사실을 쓰면 좋을 것 같아.

계절에 따라 피어나는 꽃이나 활동하는 동물을 조사해 볼 거야.

알아 두기 학교에서 통합 교과를 공부하면 '봄, 여름, 가을, 겨울' 계절과 관련된 공부를 해요. 각 계절의 특징을 알고 있나요? 봄, 여름, 가을, 겨울의 특징을 알고 재미있는 글을 써 보세요.

연습하기

1 봄의 특징을 살펴보고, 각 문장이 어떤 방법으로 봄을 설명하고 있는지 선으로 연결해 보세요.

- 개구리와 뱀이 겨울잠에서 깼습니다.
- 개나리와 진달래, 벚꽃이 예쁘게 피었습니다.
- 추웠던 날씨가 풀리고 따듯해졌습니다.
- 얼었던 시냇물이 녹아서 졸졸졸 흐릅니다.

❶ 봄에는 많은 꽃이 핍니다. 개나리와 진달래, 벚꽃 등이 피어납니다. •　　• ㉠ 빗대어 설명하는 문장

❷ 겨울이 가고 봄이 왔습니다. 얼음처럼 차가웠던 바람이 솜털처럼 따뜻한 바람으로 바뀌었습니다. •　　• ㉡ 예를 들어 설명하는 문장

[2~3] 가을의 특징을 살펴보고, 질문에 답해 보세요.

- 산이 울긋불긋 단풍으로 물들었습니다.
- 벼가 누렇게 익어서 황금처럼 반짝입니다.
- 길에 떨어진 낙엽을 열심히 청소합니다.
- 더웠던 날씨가 조금씩 선선해집니다.

2 가을의 특징을 조사한 표입니다. 빈칸에 알맞은 말을 써 보세요.

특징	예
가을에 먹는 과일	감,
가을에 피는 꽃	국화,
가을에 활동하는 동물	귀뚜라미,
단풍이 드는 나무	단풍나무,

3 각 문장이 어떤 방법으로 가을을 설명하고 있는지 선으로 연결해 보세요.

❶ 봄과 가을은 모두 날씨가 좋아 꽃이 많이 핍니다. 봄에는 개나리, 진달래가 피지만 가을에는 국화, 코스모스가 핍니다.

　　　　　ㄱ 비교·대조하여 설명하는 문장

❷ 가을은 단풍이 드는 나무가 많습니다. 단풍이 드는 나무로 은행나무와 단풍나무가 있습니다.

　　　　　ㄴ 예를 들어 설명하는 문장

직접 써 보기 [1~4] 그림을 그리고, 여름의 특징을 설명하는 글을 써 보세요.

1 '여름'을 떠올리면 생각나는 문제를 빈칸에 〈보기〉처럼 같이 그림으로 표현해 보세요.

보기

2 여름에는 어떤 문제가 있는지 〈보기〉처럼 한 문장으로 써 보세요.

> 보기   여름은 태풍 때문에 비바람이 강합니다.

➡ --

3 위의 문제에 대처할 수 있는 방법을 〈보기〉처럼 한 문장으로 써 보세요.

> 보기   일기 예보를 챙겨 보고 우산을 꼭 챙겨야 합니다.

➡ --

4 위에 쓴 대처 방법에 대한 자신의 생각이나 느낌을 〈보기〉처럼 한 문장으로 써 보세요.

> 보기   이렇게 하면 변덕스러운 날씨에 미리 대비할 수 있습니다.

➡ --

[5~8] 마인드맵을 만들고, 겨울의 특징을 설명하는 글을 써 보세요.

5 '겨울' 하면 떠오르는 생각을 바탕으로 자유롭게 마인드맵을 완성해 보세요.

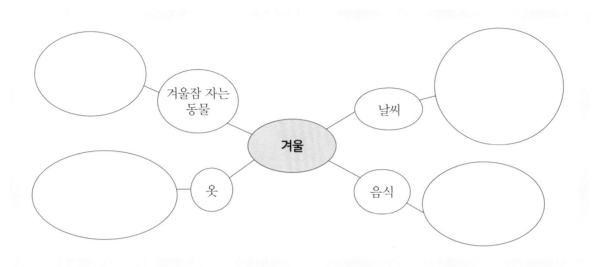

6 위에 완성한 마인드맵을 바탕으로 겨울의 특징을 〈보기〉처럼 한 문장으로 써 보세요.

> **보기**　　　　　　　겨울은 날씨가 춥습니다.

➡ --

7 위의 결과로 어떤 일이 나타나는지 〈보기〉처럼 한 문장으로 써 보세요.

> **보기**　　　　　그래서 겨울에는 옷을 따뜻하게 입습니다.

➡ --

8 마인드맵을 바탕으로 위의 문장과 내용이 비슷하거나 반대되는 것을 〈보기〉처럼 한 문장으로 써 보세요.

> **보기**　　　　또, 보일러를 틀고 두꺼운 이불을 덮습니다.

➡ --

답안 가이드

* 여기 제공되는 답은 예시 답안입니다. 자기 생각을 담아 직접 써 보는 문제의 경우는 다양한
답이 나올 수 있습니다.

1단원 낱말과 문장 알기

01 이름을 나타내는 낱말 ·········· pp. 16~17

연습하기

2 ❶ 바이올린 ❷ 노래 ❸ 고양이

직접 써 보기

1
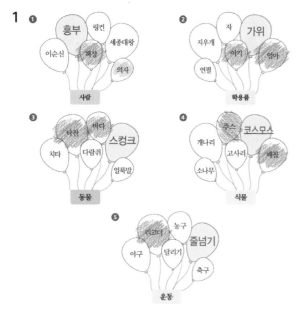

2 ❶ 흥부 ❷ 가위 ❸ 스컹크 ❹ 코스모스
  ❺ 줄넘기

02 움직임을 나타내는 낱말 ·········· pp. 18~19

연습하기

2 ❶ 마시다 ❷ 타다 ❸ 웃다

직접 써 보기

1 ❶ 깨다 자다 일어나다   ❷ 놀다 공부하다 배우다
  ❸ 쓰다 지우다 적다   ❹ 접다 펴다 깔다
  ▶ 깔다: 바닥에 펴 놓다

2
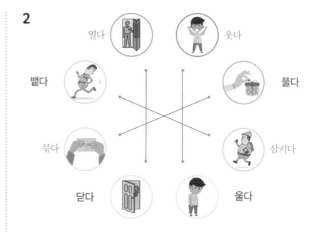

03 상태나 성질을 나타내는 낱말 ··· pp. 20~21

연습하기

2 ❶ 고맙다 ❷ 놀라다 ❸ 상하다
  ▶ 상하다: 근심, 슬픔, 노여움 따위로 마음이 언짢아지다

직접 써 보기

1 ❶ 무겁다 가볍다 가뿐하다   ❷ 빨갛다 푸르다 붉다
  ❸ 피곤하다 나른하다 경쾌하다   ❹ 동글다 각지다 동그랗다
  ▶ 가뿐하다: 몸의 상태가 가볍고 상쾌하다
    나른하다: 몸이 지치고 기운이 없다

2
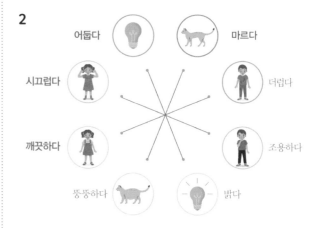

04 모양이나 소리를 흉내 내는 낱말 · · · pp. 22~23

연습하기

2 ❶ 퐁당퐁당 ❷ 후루룩 ❸ 뒤뚱뒤뚱
▶ 후루룩: 새 따위가 날개를 가볍게 치며 갑자기 날아가는 소리
나 모양, 적은 양의 액체나 국수 따위를 야단스럽게 빨리 들이
마시는 소리나 모양

직접 써 보기

1 ❶ 드르렁 ❷ 벌컥벌컥 ❸ 쓱싹 ❹ 후루룩
❺ 주룩주룩 ❻ 펄럭펄럭 ❼ 소곤소곤

05 여러 가지 낱말 익히기 · · · · · · pp. 24~25

연습하기

1 ❶ 크다 ❷ 자다 ❸ 기쁘다 / 즐겁다
❹ 짝짝 / 치다 ❺ 덩실덩실 / 춤추다
▶ ③ 두 단어 모두 상태를 나타내는 낱말입니다.
④와 ⑤의 '짝짝'과 '덩실덩실'은 소리나 모양을 흉내 내는 말이
고, '치다'와 '춤추다'는 움직임을 나타내는 낱말입니다.

직접 써 보기

1 ❶

마	시	다
소		

❷

다	르	다
	리	

❸

기	웃	기	웃
	르		
	다		

❹

졸	졸
리	
다	

2 하마 → 마시다 → 다리미
↓
음매 ← 다음 ← 미끄럽다

▶ 정답 지도 시 주의할 점 이번 단원에서는 여러 가지 낱말(명
사, 동사, 형용사, 의성어, 의태어)를 모두 배워요. 동사와 형용사
의 차이는 아이가 간단히 이해할 수 있도록 설명하는 선에서 마
무리 지어도 돼요. 너무 완벽하게 알지 않아도 괜찮습니다.

06 문장 알기 · · · · · · · · · · · · · · pp. 26~27

연습하기

1 ❶ 코끼리, 하마 ❷ 웁니다 ❸ 웃습니다
❹ 푸릅니다 ❺ 삐익 ❻ 뺄뺄

직접 써 보기

1 ❶ 고추 ❷ 연다 ❸ 춥다 ❹ 엉금엉금
❺ 연못, 뛰어들었다

▶ 정답 지도 시 주의할 점 문장은 낱말이 모여서 이루어져요. 여
러 가지 낱말이 문장의 어디에 들어가야 가장 자연스러운지 여러
번 읽으며 어울리는 낱말을 찾아 쓸 수 있게 도와주세요.

07 여러 가지 낱말로 문장 만들기 · · · pp. 28~29

연습하기

1 ❶ 비가 내립니다 ❷ 돼지가 김밥을 먹습니다
❸ 여우가 헐레벌떡 뜁니다
❹ 개구리가 개굴개굴 웁니다

직접 써 보기

1 ❶ 하늘에서 눈이 옵니다.
❷ 윤지는 짜장면을 먹습니다.
❸ 수연이와 은지는 갑자기 냅다 달립니다.

▶ 정답 지도 시 주의할 점 질문이 아닌 문장 끝에는 마침표를
찍어야 한다는 것을 알려 주세요.

2 ❶ 물이 맑다. ❷ 효규는 연필을 아낀다.
❸ 하늘이가 피자를 우걱우걱 먹었다.

3 ❶ 지훈이가 글자를 쓴다.
❷ 여우가 책을 읽는다.
❸ 찌개가 보글보글 끓는다.
❹ 별이 반짝반짝 빛난다.

▶ 정답 지도 시 주의할 점 아이가 이 부분을 어려워하면 앞의
'미리 알아 두기'를 한 번 더 읽고 공부할 수 있도록 도와주세요.

2단원 한 문장 쓰기

01 무엇이 무엇이다 pp. 32~33

연습하기

1 ❶ 부엉이, 새 ❷ 독수리, 새 ❸ 참새, 새

2 ❶ 개나리, 꽃 ❷ 진달래, 꽃 ❸ 코스모스, 꽃

3 ❶ 엄마가 선생님이다. ❷ 사자는 동물이다.
❸ 딸기는 과일이다.
▶ 이 문제는 답의 순서가 달려져도 괜찮습니다.

4 ❶ 백호랑이는 ❷ 어린이다
❸ 바나나는 과일이다. ❹ 사이다는 음료수이다.

직접 써 보기

1
분류	종류(이름)	분류	종류(이름)
❶ 동물	반달가슴곰, 판다	❷ 공룡	티라노사우루스
❸ 곤충	메뚜기, 잠자리, 파리	❹ 학용품	연필, 지우개, 자, 가위
❺ 식물	나팔꽃, 전나무, 장미	❻ 책	만복이네 떡집, 해리포터

2 ❶ 판다는 ❷ 티라노사우루스는 공룡이다.
❸ 파리는 곤충이다. ❹ 가위는 학용품이다.
❺ 전나무는 식물이다.
❻ 〈만복이네 떡집〉은 책이다.

02 무엇이 어떠하다 pp. 34~35

연습하기

1 ❶ 영화, 무섭다 ❷ 책, 무섭다

2 ❶ 미현이, 친절하다 ❷ 원영이, 친절하다

3 ❶ 코털이 지저분하다. ❷ 다람쥐가 귀엽다.
❸ 이순신 장군님은 용감하다.
▶ 이 문제는 답의 순서가 달려져도 괜찮습니다.

4 ❶ 코뿔소가 ❷ 날렵하다 ❸ 라면은 맛있다

직접 써 보기

1
	사람, 사물, 동식물	상태나 성질
❶	콜라	차갑다, 달다, 시원하다
❷	스마트폰	가볍다, 재미있다, 편리하다
❸	하마	크다, 거대하다, 무섭다, 귀엽다
❹	장미	아름답다, 빨갛다, 독보적이다
❺	손흥민	멋지다, 건강하다, 튼튼하다

2 ❶ 차갑다 ❷ 스마트폰은 편리하다.
❸ 하마는 무섭다. ❹ 장미는 독보적이다.
❺ 손흥민은 건강하다.

03 무엇이 어찌하다 pp. 36~37

연습하기

1 ❶ 슈퍼맨, 날아간다 ❷ 비행기, 날아간다

2 ❶ 아이, 달린다 ❷ 말, 달린다

3 ❶ 가수가 노래한다. ❷ 토끼가 뛴다.
❸ 뱀이 꿈틀댄다.
▶ 이 문제는 답의 순서가 달려져도 괜찮습니다.

4 ❶ 엄마가 ❷ 꼬인다 ❸ 식물이 자란다.
❹ 경찰관이 웃는다.

▶ **정답 지도 시 주의할 점** 시간이 된다면 다른 걸 넣으면 문장
이 안 되는 이유에 대해서 이야기를 나누어 보세요.

직접 써 보기

1
동물	움직임	동물	움직임
❶ 타조	뛴다	❷ 강아지	짖는다
❸ 뻐꾸기	운다	❹ 나비	난다
❺ 지렁이	긴다	❻ 상어	다가온다

2 ❶ 뛴다 ❷ 강아지가 짖는다. ❸ 뻐꾸기가 운다.
❹ 나비가 난다. ❺ 지렁이가 긴다.
❻ 상어가 다가온다.

▶ 정답 지도 시 주의할 점 낱말이 동사인지 형용사인지 아이가 헷갈려한다면 함께 사전을 찾아보는 활동을 해 보세요(인터넷 사전을 이용해도 괜찮아요).

04 무엇이 무엇이 되다/아니다 ········ pp. 38~39

연습하기

1 소, 되다

2 축구 선수, 아니다

3 ❶ 망아지가 말이 ❷ 여자는 남자가

4 ❶ 어른이 ❷ 기차가 ❸ 커피는 콜라가 아니다.

직접 써 보기

1

대상	바뀐 것	대상	전혀 아닌 것
❶ 나무	의자	❹ 엄마	아빠
❷ 번데기	사마귀	❺ 가위	칼
❸ 종이	비행기	❻ 손	발

2 ❶ 의자가 ❷ 번데기가 사마귀가 되다.
❸ 종이는 비행기가 된다. ❹ 아빠가
❺ 가위는 칼이 아니다. ❻ 손은 발이 아니다.

05 무엇이 무엇과 어떠하다/어찌하다
···························· pp. 40~41

연습하기

1 호랑이, 고양이, 비슷하다

2 오리, 닭, 어울리다

3 ❶ 달은 태양과 다르다.[태양과 달은 다르다.]
❷ 베짱이와 개미가 놀았다.[개미가 베짱이와 놀았다.]

4 ❶ 물과 ❷ 지우개와
❸ 나는 아빠와 닮았다.[아빠와 나는 닮았다.]

직접 써 보기

1

	비슷한 것		다른 것
❶	바다 — 강	❸	고양이 — 강아지
❷	빵 — 과자	❹	커피 — 콜라

2 ❶ 강은 ❷ 빵은 과자와 비슷하다.
❸ 고양이와 강아지는 ❹ 커피는 콜라와 다르다.

06 무엇이 무엇을 어찌하다 ········· pp. 42~43

연습하기

1 ❶ 냉면, 먹는다 ❷ 짜장면, 먹는다

2 ❶ 방귀, 싫어한다 ❷ 트림, 싫어한다

▶ 정답 지도 시 주의할 점 '방귀'를 '방구'로, '트림'을 '트름'으로 쓰지 않도록 알려 주세요.

3 ❶ 까마귀가 하늘을 날다.
❷ 오징어가 바다를 헤엄치다.

4 ❶ 연필을 ❷ 지팡이를
❸ 토끼가 들판을 뛰었다.
❹ 선생님이 컴퓨터를 사용하셨다.

직접 써 보기

1

	입은 것		먹은 것		한 것
❶	치마	❷	치킨	❸	축구
❹	청바지	❺	국밥	❻	공부

2 ❶ 치마를 ❷ 치킨을 ❸ 축구를
❹ 청바지를 입었다 ❺ 국밥을 먹었다
❻ 공부를 했다

▶ '을'이 들어갈 때와 '를'이 들어갈 때의 차이는 앞에 나온 낱말이 받침이 있느냐 없느냐예요. '치킨'은 마지막 글자에 'ㄴ' 받침이 있어서 뒤에 '을'을 쓴 거예요. '치마'는 받침이 없어서 '를'을 붙인 거고요.

07 무엇이 무엇에(게) 무엇을 어찌하다
pp. 44~45

연습하기

1 ❶ 하나, 선물, 주다 ❷ 생일, 선물, 받다

2 ❶ 엄마가 우체부에게 편지를 받다.
　 ❷ 사육사가 코끼리에게 먹이를 주다.

3 ❶ 시청자에게 소식을 ❷ 재경이가 연못에 돌을
　 ❸ 어머니께서 식탁에 밥을 놓았다.

직접 써 보기

1 ❶ 엄마가 나에게 심부름을
　 ❷ 주인이 하인에게 청소를 시키다.
　 ❸ 아빠가 엄마에게 선물을
　 ❹ 직원이 사장에게 보너스를 받다.

3단원　꾸밈말 넣기

---

01 '어떤'으로 꾸며요
pp. 48~49

연습하기

1 ❶ ㉠ ❷ ㉠

2 ❶ 낡은 ❷ 하얀 ❸ 잔잔한, 딱딱한

3 ❶ 커다란 공룡이다 ❷ 예쁜 치마를 샀다
　 ❸ 잔잔한, 현정이는, 탔다

직접 써 보기

1

대상	꾸미는 말(어떤)	대상	꾸미는 말(어떤)
❶ 이순신	용감한	❷ 곰	무서운
❸ 포도	신	❹ 책	재미있는

2 ❶ 용감한 ❷ 무서운 ❸ 신, 먹었다
　 ❹ 나는 재미있는 책을 읽었다.

02 '어떻게'로 꾸며요
pp. 50~51

연습하기

1 ❶ ㉡ ❷ ㉠

2 ❶ 재빨리 ❷ 배부르게 ❸ 우두커니
　 ▶ 우두커니: 넋이 나간 듯 가만히 한자리에 있는 모양

3 ❶ 크게 말했다 ❷ 가볍게 들었다
　 ❸ 홍익이는, 빨리 갔다

직접 써 보기

1

꾸미는 말(어떻게)	움직임이나 상태	꾸미는 말(어떻게)	움직임이나 상태
❶ 세게	찬다	❷ 빨리, 천천히	먹는다
❸ 일찍, 늦게, 조용히	깼다	❹ 빨리, 늦게, 서서히	마른다

2 ❶ 세게 ❷ 빨리 ❸ 조용히
　 ❹ 빨래가 늦게 마른다.

03 '소리를 흉내 내는 말'로 꾸며요
pp. 52~53

연습하기

1 ❶ ㉡ ❷ ㉡
　 ▶ 소리나 모양을 흉내 내는 말은 '어떻게'와 똑같이 '어찌하다'와 '어떠하다'를 꾸미는 말이에요.

2 ❶ 딸랑딸랑 ❷ 꽥꽥 ❸ 우당탕

3 ❶ 키득키득 웃었다

❷ 고슴도치가, 드르렁드르렁 골았다

❸ 하니가, 콜록콜록 했다

▶ '교실에서 하니가 콜록콜록 기침을 했다'도 올바른 문장이에요. 문장에서 소리나 모양을 흉내 내는 말의 위치가 달라질 수 있어요.

직접 써 보기

1

동물	소리	동물	소리
❶ 호랑이	으르렁	❷ 뱀	쉭쉭
❸ 쥐	찍찍	❹ 개구리	개굴개굴

2 ❶ 어흥 ❷ 쉭쉭 ❸ 찍찍 울었다

❹ 연못에서 개구리가 개굴개굴 운다.

04 '모양을 흉내 내는 말'로 꾸며요 ··· pp. 54~55

연습하기

1 ❶ ㉡ ❷ ㉠

2 ❶ 반짝반짝 ❷ 끄덕 ❸ 팔짝팔짝

3 ❶ 성큼성큼 다가왔다

❷ 사자가, 갸우뚱 기울였다

❸ 화단에, 파릇파릇 돋아났다

▶ 갸우뚱: 물체가 한쪽으로 약간 기울어지는 모양

직접 써 보기

1

대상	모양, 움직임 흉내	대상	모양, 움직임 흉내
❶ 오리	둥둥	❷ 아기	방긋방긋
❸ 나비	나풀나풀	❹ 공원, 새싹	파릇파릇

2 ❶ 둥둥 ❷ 아기가 방긋방긋

❸ 주위를 나풀나풀 날아다닙니다

❹ 공원에 새싹이 파릇파릇 돋습니다.

05 '무엇보다/누구보다'로 꾸며요 ··· pp. 56~57

연습하기

1 ❶ ㉠ ❷ ㉠

2 ❶ 우유보다 ❷ 돌보다 ❸ 여우보다

3 ❶ 가을보다 덥다 ❷ 다락방이, 좁다

❸ 입장권이 아이보다 비싸다

직접 써 보기

1

	- (덜한 것)	어떠하다	+ (더한 것)
❶	단팥빵	비싸다	케이크
❷	택시	복잡하다	버스
❸	거북이	빠르다	토끼
❹	독서	재미있다	게임

2 ❶ 단팥빵보다 ❷ 택시보다 ❸ 토끼가 거북이보다

❹ 게임이 독서보다 재미있다.

06 '언제, 어디에서'로 꾸며요 ·········· pp. 58~59

연습하기

1 ❶ ㉡ ❷ ㉡

2 ❶ 3관에서 오후 3시에 ❷ 보은이집에서 12시에

3 ❶ 바다에서 갈매기가 ❷ 자정에 하늘에서, 친다

❸ 휴일에, 도서관에서 책을 읽는다

직접 써 보기

1

	❶	❷	❸	❹	❺
시각	8시 30분	12시	3시	5시	9시
장소	집	급식실	체육관	도서관	집
일과	등교	점심 식사	태권도	독서	잠

2 ❶ 8시 30분에, 집에서 ❷ 12시에, 급식실에서

❸ 체육관에서 3시에

❹ 홍익이는 도서관에서 5시에 독서를 합니다.

❺ 홍익이는 9시에 집에서 잠을 잡니다.

▶ 시간과 장소의 위치는 바뀔 수 있어요.

07 '무엇이 어떠한'으로 꾸며요 ····· pp. 60~61

연습하기

1 ❶ ㉡ ❷ ㉠

2 ❶ 머리카락이 곱슬곱슬한 ❷ 콧구멍이 넓은
❸ 별이 반짝이는

3 ❶ 나무가, 숲에 왔다 ❷ 기분이 좋은, 나타났다
❸ 희정이는 사람이 많은, 탔다

직접 써 보기

1 배가 고픈, 색이 노란, 모양이 네모난, 색이 까만

2 ❶ 색깔이 빨간 ❷ 배가 고픈
❸ 모양이 네모난, 색이 노란
❹ 색이 까만 강아지가 조용히 앉아 있습니다.

08 '무엇을 어찌한'으로 꾸며요 ····· pp. 62~63

연습하기

1 ❶ ㉠ ❷ ㉡

2 ❶ 태극기를 그린
❷ 짜장면을 먹는, 콜라를 마시는
▶ 답의 순서가 바뀌어도 괜찮습니다.

3 ❶ 어머니를, 여우는 마음이
❷ 다리를 다친, 치료했다
❸ 거북선을 만든, 적을 물리쳤다

직접 써 보기

1 쓰레기를 줍는, 안경을 쓴, 마스크를 착용한, 모자를 쓴, 낙서를 한

2 ❶ 청소를 하는 ❷ 마스크를 착용한
❸ 안경을 쓴, 낙서를 한
❹ 모자를 쓴 고양이가 칠판을 지웁니다.

09 다양하게 꾸며요 (1) ····· pp. 64~65

연습하기

1 ❶ ㉠, ㉡, ㉢, ㉣ ❷ ㉠, ㉡

2 ❶ 주룩주룩 ❷ 맑게 ❸ 쨍쨍, 상쾌한
❹ 저절로, 넓은, 재미있는

3 ❶ 강한[센] ❷ ㉠ 세게[약하게, 느리게] ㉠+㉡ 세게 휙[약하게 살랑살랑] ㉢+㉠+㉡ 로켓보다 세게 휙[거북이보다 느리게 살랑살랑]

직접 써 보기

1

㉠		㉡		㉢	
꾸밈 받는 낱말	꾸밈말	꾸밈 받는 낱말	꾸밈말	꾸밈 받는 낱말	꾸밈말
세언이	예쁜, 멋진	그림	아름다운, 이상한, 특이한	그렸다	잘, 독특하게

❶ 멋진 세언이가 그림을 그렸다.
❷ 멋진 세언이가 이상한 그림을 그렸다.
❸ 멋진 세언이가 이상한 그림을 독특하게 그렸다.

10 다양하게 꾸며요 (2) ····· pp. 66~67

연습하기

1 ❶ ㉠, ㉡, ㉢ ❷ ㉠, ㉡

2 ❶ 5시에 ❷ 5시에, 도서관에서
❸ 5시에, 도서관에서, 즐겁게

3 ❶ ㉠ 아침에[오후에] ㉡ 아침에[오후에] 집에서[학원에서]
❷ ㉠ 마음이 슬픈 ㉡ 거북이를 이긴[자라를 속인]

직접 써 보기

1

	꾸밈 받는 낱말	꾸밈말(언제, 어디서, 무엇이 어떠한, 무엇을 어찌한)
㉠	승연이	유튜브를 보는, 눈이 큰
㉡	책	스토리가 재미있는, 선물로 받은
㉢	읽었다	일요일에, 집에서, 도서관에서

❶ 눈이 큰 승연이가 책을 읽었다. ❷ 눈이 큰 승연이가 선물로 받은 책을 읽었다. ❸ 눈이 큰 승연이가 선물로 받은 책을 일요일에 집에서 읽었다.

4단원 두 문장 쓰기

01 사실 알고 쓰기 ······ pp. 70~71

연습하기

1 ❶ 한 것 ❷ 본 것 ❸ 들은 것

2 ❶ ㉠ ❷ ㉠

3 ❶ ㉠ 기린은 책을 ㉡ 곰은 기린을
　❷ ㉠ 승희는 그네를 ㉡ 개미를 관찰합니다
　❸ ㉠ 아이들은 횡단보도를 ㉡ 아이들은 어른에
　게, 들었습니다

02 의견 알고 쓰기 ······ pp. 72~73

연습하기

1 ❶ 사실 ❷ 의견 ❸ 의견

2 ❶ ㉡ ❷ ㉠

3 ❶ ㉠ 동물원에 가고 싶습니다 ㉡ 나는 친구와 영
　화관에 가고 싶습니다.
　❷ ㉠ 멋진 가수가 되고 싶습니다 ㉡ 나는 사람을
　도와주는 경찰관이 되고 싶습니다.
　❸ ㉠ 축구공을 받고 싶습니다 ㉡ 나는 생일에 아
　이돌 포토 카드를 받고 싶습니다.

03 사실과 의견으로 쓰기 ······ pp. 74~77

연습하기

1 ❶ ㉠ 사실 ㉡ 의견 ❷ ㉠ 사실 ㉡ 사실
　❸ ㉠ 의견 ㉡ 의견

2 ❶ 의견 나는 크게 당황했습니다.
　❷ 사실 나는 놀이터에서 그네를 탔습니다.

---

❸ 의견 해가 쨍쨍 비춰서 효규는 무척 더웠습니다.
▶ 해가 쨍쨍 비추지만 덥지 않은 사람도 있을 거예요. 그래서 이
문장은 의견이라고 할 수 있어요.

❹ 사실 승은이는 그림을 그렸습니다.

직접 써 보기

1 ❶ ㉡ ❷ ㉠

2 사실 어두운 밤에 창문 밖에서 천둥과 번개가 쳤
습니다.
　의견 그 소리에 깜짝 놀라 갑자기 무서운 기분이
들었습니다.
▶ 꼭 천둥소리에 무서운 기분만 들지는 않을 거예요. 다양한 의
견을 적어도 돼요.

3
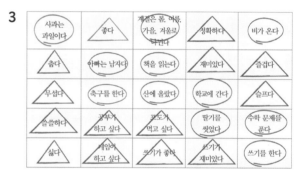

4 ❶ 사실 아빠는 남자다 의견 재미있다 ➡ 아빠는
남자다. 아빠는 세상에서 제일 재미있는 남자다.
　❷ 사실 계절은 봄, 여름, 가을, 겨울로 나뉜다
　의견 싫다 ➡ 계절은 봄, 여름, 가을, 겨울로 나뉜
다. 나는 그중에서 겨울을 가장 싫어한다.

04 예를 들어 쓰기 ······ pp. 78~81

연습하기

1 ❶ 토끼, 여우[하마]
　❷ 피자[햄버거], 김치[갈비, 잡채]

2 ❶ 연필, 지우개, 자, 가위

   ❷ 미끄럼틀, 그네, 시소

   ❸ 돈가스, 갈치조림, 스파게티

직접 써 보기

1 ❶ ㉡ ❷ ㉠

2 ❶ 옛날에는 다양한 종류의 공룡이 살았다. 예를 들면, 브라키오사우루스, 티라노사우루스, 트리케라톱스 등의 공룡이 있었다.

   ❷ 사람의 얼굴 표정은 다양하다. 예를 들면, 기쁨, 슬픔, 놀람, 당황 등 사람은 여러 가지 표정을 가지고 있다.

3

대상	예
새	독수리, 매, 갈매기, 두루미
왕의 이름	세종대왕, 성 개토대왕, **의자왕, 문무왕, 공민왕**
꽃	**장미, 코스모스, 채송화, 나팔꽃, 진달래**
개봉 영화	**아바타 2, 쥬라기월드, 미니언즈 2, 토르 러브 앤 썬더**

4 ❶ 우리나라에는 훌륭한 왕이 많았습니다. 예를 들면, 세종대왕, 광개토대왕, 문무왕, 공민왕 등이 계셨습니다.

   ❷ 여러 가지 영화가 개봉했습니다. 예를 들면, 아바타 2, 쥬라기월드, 미니언즈 2, 토르 러브 앤 썬더 등이 있습니다.

05 빗대어 쓰기 ·················· pp. 82~85

연습하기

1 ❶ ㉢ ❷ ㉣ ❸ ㉠ ❹ ㉡
   쟁반

2 ❶ 솜뭉치[털실] ❷ 콜라[숯, 커피]처럼 까맣습니다
   ❸ 송곳[칼]처럼 날카롭습니다

   ▶ 북슬북슬: 살이 찌고 털이 많아서 매우 탐스러운 모양을 나타내며, '복슬복슬'과 의미가 비슷해요.

직접 써 보기

1 ❶ ㉠ ❷ ㉡

2 ❶ 가을 하늘에 구름이 뭉게뭉게 피어 있습니다. 뭉게구름은 솜사탕처럼 포근해 보입니다.

   ❷ 아빠가 코를 심하게 곱니다. 아빠의 코골이는 사자의 울부짖음처럼 시끄럽습니다.

3

주제	닮거나 비슷한 대상
엄마	이불(폭신하다), 도깨비(무섭다)
아빠	돌하르방(근엄하다), 호빵맨(뚱뚱하다)
피자	만찬(다양하다), 쟁반(둥글다)
뱀	줄(길다), 도마뱀(징그럽다)

4 ❶ 아빠가 소파에 누워서 나를 꼭 껴안았다. 나는 호빵맨처럼 뚱뚱한 아빠의 배에 얼굴을 파묻었다.

   ❷ 이모와 함께 나는 동물원에 가서 정말 큰 뱀을 보았다. 도마뱀처럼 징그러운 뱀의 모습에 나는 소름이 돋았다.

06 비교 · 대조하여 쓰기 ·············· pp. 86~89

연습하기

1 • **공통점**: 맛있다.
   • **차이점**: 수박은 씨가 많지만 바나나는 씨가 없다.
   ❶ 달고 ❷ 씨가 없어요

2 ❶ 패스트푸드 / 싸지만, 비쌉니다
   ❷ 동물 / 동물입니다 / 털이 많지만

직접 써 보기

1 ❶

대상	공통점	차이점
손	몸의 일부, 두 개, 차가움. 갈라짐, 사람에게만 있음	몸의 위·아래, 손은 무엇을 잡는 데 사용하고 발은 길을 걷는 데 쓴다. 손은 빨갛지만 발은 파랗다.
발		

❷

대상	공통점	차이점
콜라	건강에 좋지 않음, 마신다. 목이 마를 때 먹을 수 있음	콜라는 차갑고, 우유는 뜨겁다. 콜라는 거멓고, 우유는 하얗다. 콜라는 맛있고, 우유는 맛없다. 콜라는 달고, 우유는 담백하다.
우유	모두가 좋아함, 소에서 얻을 수 있음	

2 ❶ 마실 수 있는 음료입니다 / 거멓지만, 하얗습니다
❷ 손과 발은 두 개씩입니다. 손가락과 발가락은 모두 다섯 개입니다. 손은 허리 위에 있지만 발은 허리 아래에 있습니다.
[콜라와 우유는 모두 목이 마를 때 먹을 수 있습니다. 콜라는 달지만 우유는 담백합니다.]
▶ 자신이 콜라나 우유를 어떻게 생각하느냐에 따라서 차이점이 달라진다면 '사실'에 기반한 글이라고 할 수 없겠죠. 차이점을 쓸 때는 사실을 위주로 써야 해요.

3 사람이다 / 엄마, 이모, 할머니 / 아빠, 이모부, 할아버지

4

〈 만화 〉　　　　　　　　　〈 동화 〉

그림이 많다　　　책　　　글이 많다
말풍선이 많다　　읽는다　　그림이 조금 들어간다
글이 적다　　　　　　　　말풍선이 없다

만화와 동화는 모두 책입니다. 만화는 말풍선과 그림이 많지만 동화는 말풍선이 없고 글이 많습니다.

❷ 여은이는 책을 열심히 읽었습니다. 그래서 여은이는 국어 시험에서 백점을 맞았습니다.
[여은이는 국어 시험에서 백점을 맞았습니다. 왜냐하면 여은이는 책을 열심히 읽었기 때문입니다.]

3

원인	결과
오늘은 어버이날	부모님께 카네이션을 선물
이가 썩음	치과에서 치료를 받음
우유를 많이 먹음	키가 크게 자람

4 ❶ 치과에서 치료를 받았습니다. 왜냐하면 초콜릿을 많이 먹어서 이가 썩었기 때문입니다.
[나는 초콜릿을 많이 먹어서 이가 썩었습니다. 그래서 나는 치과에서 치료를 받았습니다.]
❷ 나는 우유를 많이 먹었습니다. 그래서 키가 크게 자랐습니다.
[나는 키가 크게 자랐습니다. 왜냐하면 나는 우유를 많이 먹었기 때문입니다.]

07 원인과 결과로 쓰기 ·········· pp. 90~93

연습하기

1 ❶ 팥빙수를, 배탈이 ❷ 소방차가, 불이

2 ❶ 잠을 잤기 때문입니다
❷ 선생님께 꾸중을 들었습니다
❸ 백설공주가 독사과를 먹었기 때문입니다

직접 써 보기

1 ❶ ㉡ ❷ ㉠

2 ❶ 현우는 물을 벌컥벌컥 마셨습니다. 왜냐하면 현우는 축구를 열심히 했기 때문입니다.
[현우는 축구를 열심히 했습니다. 그래서 현우는 목이 말라서 물을 벌컥벌컥 마셨습니다.]

08 다음에 일어난 일 쓰기 ·········· pp. 94~97

연습하기

1 ❶ 가위바위보 ❷ 술래잡기, 교실

2 ❶ 기린의 생일을 축하했습니다[기린에게 선물을 주었습니다] ❷ 오늘 배울 교과서를 꺼내 놓았습니다 ❸ 충익이와 친구를 말렸습니다.

직접 써 보기

1 ❶ ㉡ ❷ ㉠

2 ❶ 현정이는 잠옷을 입고 이를 깨끗이 닦았습니다. 현정이는 침대 속에서 잠을 청했습니다.
❷ 야구 선수가 공을 받아 쳤습니다. 공이 멀리 날아가서 유리창을 깨뜨렸습니다.

3

사건	다음에 일어난 일
아침 일찍 등교	교과서 챙기기, 독서
점심시간에 축구를 함	역전 골을 넣어 기분이 좋음, 친구와 다툼
학예회에서 노래를 부름	친구들이 잘 불렀다고 칭찬해 줌, 가수가 되고 싶다고 생각했음

4 ❶ 나는 점심시간에 친구들과 축구를 했다. 1대 1 상황에서 역전 골을 넣어서 기분이 좋았다.
❷ 나는 학예회날 친구들 앞에서 노래를 불렀다. 노래를 들은 친구들이 잘 불렀다고 칭찬해 줬다.

09 전체와 부분으로 쓰기 .... pp. 98~101

연습하기

1 ❶ 학용품 / 연필, 지우개, 자, 가위, 공책
❷ 필기구 / 자, 사인펜

2 ❶ 한국, 일본, 중국, 미국, 프랑스
❷ 짜장면, 짬뽕, 탕수육
❸ 머리, 가슴, 배로 이루어져 있습니다

직접 써 보기

1 ❶ ㉡ ❷ ㉠

2 ❶ 온유는 치즈버거를 만들려고 합니다. 치즈버거는 빵, 토마토, 치즈, 고기, 양상추, 케첩으로 이루어져 있습니다.
❷ 엄마가 동화 전집을 구입하려고 합니다. 그 전집은 〈빨간 모자〉, 〈백설공주〉, 〈피터팬〉, 〈피노키오〉 등으로 구성되어 있습니다.

3

전체	부분
하늘	태양, 달, 구름, 별
김밥	김, 밥, 햄, 시금치, 단무지, 게맛살, 계란, 우엉
국경일	삼일절, 제헌절, 광복절, 개천절, 한글날

4 ❶ 여은이는 소풍을 가기 위해 김밥을 만들었습니다. 김밥은 김, 밥, 햄, 시금치, 단무지, 게맛살, 계란, 우엉으로 이루어져 있습니다.
❷ 국경일은 나라의 경사스러운 일을 기리기 위해 법으로 정한 날입니다. 우리나라의 국경일에는 삼일절, 제헌절, 광복절, 개천절, 한글날이 있습니다.

10 문제와 해결로 쓰기 .... pp. 102~105

연습하기

1 ❶ 선생님께 ❷ 방법 / 손가락, 식

2 ❶ 우산을 ❷ 오이는 못 먹겠다고 말씀드립니다
❸ 떨어진 학용품을 필통에 잘 담아 책상 위에 올려 두겠습니다.

직접 써 보기

1 ❶ ㉠ ❷ ㉡

2 ❶ 주환이는 내일 학교에 일찍 가야 합니다. 주환이는 일찍 일어나려고 자명종을 맞추고 잡니다.
❷ 영란이는 감기에 걸려서 무척 아픕니다. 내일 엄마와 병원에 가서 진찰을 받아 약을 먹기로 합니다.

3

문제	해결 방법
수학 시험을 잘 보고 싶다	공부를 열심히 한다 문제집을 푼다
키가 크고 싶다	매일 우유를 마신다 음식을 가리지 않고 골고루 먹는다
반장이 되고 싶다	친구들에게 친절히 대한다 다른 아이들에게 먼저 모범을 보인다

4 ❶ 나는 키가 크고 싶습니다. 이를 위해 나는 매일 우유를 많이 마시고 음식을 골고루 먹겠습니다.
❷ 나는 2학기에 반장이 되고 싶습니다. 나는 친구들에게 친절히 대하고, 교실에서 모범을 보이겠다고 다짐합니다.

5단원 원고지 쓰기

01 쉼표, 마침표, 물음표, 느낌표 알기

연습하기

1 ❶ 쉼표 ❷ 마침표 ❸ 물음표 ❹ 느낌표

2 ❶ ㉢ ❷ ㉣ ❸ ㉠ ❹ ㉡

직접 써 보기

1 ❶ 지현아, ❷ 나는 숙제를 마쳤다.
  ❸ 밥 먹었니? ❹ 깜짝이야!
  ❺ 동물원에는 기린, 사자, 코알라 등이 있다.

2 🧔 형님, 먹을 것 좀 없소?

  🧔‍ 내가 너 줄 음식이 어디 있느냐?

  🧔 놀부 형님, 사정 좀 봐주시구려.

  🧔‍ 헛소리 말고 어서 꺼지거라!

  🧔 형님, 너무하시오!

  ▶ '형님'이란 말 뒤에 쉼표가 들어갈 수도 있고, 흥부가 형님이
    라고 외쳤다면 느낌표도 들어갈 수 있어요. '내가 너 줄 음식
    이 어디 있느냐!'도 마찬가지예요.

02 쉼표, 마침표, 물음표, 느낌표 쓰기
pp. 110~111

연습하기

1 ❶ | 현 | 욱 | 아 | , | ❷ | 괜 | 찮 | 아 | ? |

  ❸ | 너 | 무 | | 속 | 상 | 해 | . |

  ❹ | 으 | 아 | 앙 | ! |

2
현	욱	아	,		괜	찮	아	?	
	으	아	앙	!		지	호	야	,	엄	마
한	테		혼	나	서		너	무		속	상
해	.

▶ 마침표와 쉼표를 쓴 다음 칸은 비우지 않고 글자를 쓰고, 느낌
표와 물음표를 쓴 다음 칸은 비우고 그 뒤에 글자를 써요.

직접 써 보기

1 ❶
| 홍 | 익 | 아 | , | | 이 | 번 | | 생 | 일 | | 파 |
| 티 | 에 | | 올 | | 수 | | 있 | 어 | ? |

  ❷
| | 이 | 번 | 에 | | 사 | 과 | 가 | | 아 | 주 |
| 잘 | | 익 | 었 | 어 | . |

  ❸
| | 야 | 호 | ! | | 기 | 분 | 이 | | 정 | 말 |
| 좋 | 구 | 나 | . |

  ❹
| | 나 | 는 | | 햄 | 버 | 거 | , | 피 | 자 | , | 치 |
| 킨 | 을 | | 좋 | 아 | 한 | 다 | . |

2
	민	정	아	,		잘		지	내	?		네
가		빌	려	준		책	은		재	미	있
게		잘		읽	었	어	.		너	무		고
마	워	.		그	럼		안	녕	!

03 원고지 규칙 알고 따라 쓰기
pp. 112~117

연습하기

❶
| | 어 | 머 | 니 | 께 | 서 | | 토 | 끼 | | 인 | 형 |
| 을 | | 선 | 물 | 해 | | 주 | 셨 | 습 | 니 | 다 | . |

❷ 식목일에 부모님과 나무를 심다 보니 벌써 해가 지고 있습니다.

연습하기

❶ 엄마와 나는 햄스터의 집을 열심히 만들어 주었습니다.

❷ 현우는 앞으로 수학을 열심히 공부하겠다고 다짐했습니다.

연습하기

❶ 아침에 비가 많이 왔다. 오후에는 날씨가 개고, 공기가 맑았다.

❷ 끼익! 횡단보도에 차가 급히 멈췄다. 큰 사고가 날 뻔했다.

직접 써 보기

❶ 우리 반은 동물원에 소풍을 갔습니다. 동물원에서 사자, 호랑이, 다람쥐, 코끼리, 뱀 등 많은 동물을 봤습니다.

❷ 아이가 엉덩이를 실룩대며 달려왔습니다. 엄마는 토끼 같은 아이를 힘껏 껴안았습니다.

❸ 국어와 수학은 모두 학교에서 배운다. 국어에서는 글을 배우고, 수학에서는 수를 계산한다.

❹ 안녕? 영희야. 나 철이야. 이번에 봄꽃이 너무 예쁘게 피었더라! 이번 주말에 같이 봄꽃 구경 가지 않을래?

❺ 교실에서 떠들지 맙시다! 왜냐하면 교실에서 떠들면 시끄러워서 수업에 집중할 수 없기 때문입니다.

❻ 지훈아! 필통 안에 가위, 자, 연필이 들어 있어. 이 지우개와 볼펜을 넣어 줄래?

❼ 어이쿠! 운동장에서 승희는 크게 넘어졌습니다. 동만이와 현욱이가 얼른 뛰어와서 승희를 일으켜 주었습니다.

❽ 숙소는 괜찮으셨나요? 음식은 입맛에 맞으셨고요? 다음번에 꼭 다시 뵙길 바랍니다.

❾ 으악! 내 신발! 달리기 시합 결승점 앞에서 신발이 벗겨졌다. 나는 이 상황에서 어떻게 해야 할까?

6단원 장르 및 목적에 따라 글쓰기

01 그림일기 쓰기 ·············· pp. 122~125

연습하기

1 ▶ 정신이 없는 표정을 자유롭게 그리면 돼요.

2 교실은 시끌벅적, 처음 간 교실, 정신없는 하루,
뱅글뱅글한 날
  ▶ 시끌벅적: 많은 사람들이 어수선하게 움직이며 시끄럽게 떠드
  는 모양
  뱅글뱅글: 작은 것이 잇따라 매끄럽게 도는 모양
  우물쭈물: 행동을 분명하게 하지 못하고 자꾸 망설이며 몹시
  흐리멍덩하게 하는 모양

3
미역국을 먹은 일, 하루 전체에 있었던 일 전부,
동생과 다퉜을 때 든 기분, 라면 먹을 때 나의 마음,
아빠와 함께 등교한 일, 술래잡기를 할 때 생긴 일,
엄마와 읽은 책, 삼겹살의 맛

직접 써 보기

1 늦잠 잔 일, 친구와 급식 줄 서는 문제로 다툰 일,
설날 연휴에 차가 막힌 일, 세뱃돈을 받은 일, 성
묘 간 일, 맛있는 음식을 먹은 일

2 ❶ 설날 연휴여서 우리 가족은 할머니 댁에 내려
갔는데 차가 많이 막혔다.
❷ 차가 막히는 이유는 이번 설 연휴가 짧고 시골
에 가는 차가 많이 늘어났기 때문이라고 뉴스에
나왔다.
❸ 차가 막혀서 나는 짜증이 났지만 할머니, 할아
버지를 보러 가는 거니까 조금만 참아야겠다고 생
각했다.

3 • **날짜**: 20XX년 1월 21일
  • **날씨**: 매우 추움. 오후에 잠깐 눈이 옴
  • **제목**: 막히고 또 막히는 도로
  • **일기**: 설 연휴를 맞아 우리 가족이 할머니 댁에
    내려가는데 차가 많이 막혔다. 이번 설 연휴가

짧고 시골에 내려가는 차가 많이 늘었기 때문
이라고 뉴스에 나왔다. 차가 막혀서 나는 짜증
이 났지만 할머니, 할아버지를 보러 가니까 조
금만 참아야겠다고 생각했다.

4 ▶ 시골에 도착했을 때의 기분을 더 쓰면 좋을 것 같아요.

5 ▶ 차가 막힐 때의 생각이나 느낌을 잘 썼고, 차가 막히는 이유
를 구체적으로 설명한 것 같아요.

02 생일 초대장 쓰기 ·············· pp. 126~129

연습하기

1 ❶ 날짜와 시간 ❷ 장소 ❸ 연락처

2 시은아, 얼마 안 있으면 내 생일이야. 집에서 생일
파티를 하려고 초대장을 만들었어. 네가 꼭 참석
해 주면 좋겠다. 꼭 얼굴 보자.

3 ❶ 1학년 1반 친구들 ❷ 희주
  ▶ 생일 초대장은 여러 가지 형식으로 쓸 수 있어요. 생일에 초
  대하는 간단한 인사말과 함께 생일 파티에 관한 내용을 간략하
  게 적으면 좋아요.

직접 써 보기

1 • **나의 생일**: 6월 20일 금요일
  • **초대하고 싶은 친구**: 1학년 2반 친구 모두

2 • **생일 파티 장소**: 포도키즈 카페
  • **먹고 싶은 음식**: 갈비, 비빔밥, 라면, 떡국

3 ❶ 안녕? 1학년 2반 친구들아! 이번에 내 생일 파
티를 포도키즈 카페에서 6월 20일 금요일 오후
5시에 하려고 해.
❷ 나는 1학년 2반 친구들이 모두 모여서 함께 생
일 파티를 하면 재밌을 거 같아.
❸ 키즈 카페에 있는 여러 가지 놀이 기구도 함께
타고, 맛있는 음식도 같이 먹자.

4 하늘이
  - **날짜**: 6월 20일 금요일
  - **시간**: 오후 5시
  - **장소**: 포도키즈 카페

5 ▶ 장소를 알려 주는 약도를 첨부하면 좋을 것 같네요.

6 ▶ 얘들아. 이번에 내가 생일 파티를 포도키즈 카페에서 하려고 해. 우리 반 친구들 모두 와서 축하해 주면 좋겠어. 여기 초대 장 먼저 줄게. 꼭 참석해 주라. 고마워.

03 친구 소개 글쓰기 ·················· pp. 130~133

연습하기

2 모습, 성격, 좋아하는 것

3 상미야, 나는 영길이의 '생일'이 언제인지 알고 싶어.

4 은혜의 장래 희망, 생일, 가족 관계, 좋아하는 책, 좋아하는 운동, 싫어하는 음식 등

직접 써 보기

1 - **소개하고 싶은 친구**: 세민이
  - **소개하고 싶은 내용**: 생일, 사는 곳, 얼굴 특징, 좋아하는 운동

2

생일	1월 9일	사는 곳	경상남도 진주시 사람아파트
얼굴 특징	코가 오뚝하고 얼굴이 까맣다	좋아하는 운동	축구

3 ❶ 저는 제 친구 세민이를 소개하고 싶습니다.
  ❷ 세민이는 경상남도 진주시 사람아파트에 사는, 저와 제일 친한 친구입니다.
  ❸ 세민이는 오뚝한 코와 까무잡잡한 피부를 갖고 있고, 축구를 굉장히 좋아합니다.

4 세민이
  저는 제 친구 세민이를 소개하려고 합니다. 세민 이는 경상남도 진주시 사람아파트에 사는, 저와 제일 친한 친구입니다. 오뚝한 코와 까무잡잡한

피부를 갖고 있는 세민이는 축구를 세상에서 가장 좋아합니다.

5 ▶ 세민이의 생일을 조사했지만, 글에 어울리지 않는 것 같아서 제외했어요.

6 ▶ 엄마, 내 친구 세민이 있잖아. 걔가 여기 옆에 사람아파트에 살아. 또 축구 하는 거를 좋아해서 그런지 얼굴이 까만 거 있 지?

▶ **정답 지도 시 주의할 점** 친구를 소개하는 글을 쓸 때 친구의 단점을 쓰면 글을 읽는 친구의 기분이 나쁠 수 있다며 아이에게 친구를 배려하는 글을 쓰라고 알려 주세요.

04 가고 싶은 곳 설명하는 글쓰기
·················· pp. 134~137

연습하기

2 ❶ ㉠ ❷ ㉡ ❸ ㉢

3 - **어머니**: 판다가 새로 왔다. 다 같이 판다를 보면 즐거울 것이다.
  - **아버지**: 나는 낚시를 정말 좋아한다. 바다에 가면 가족이 모두 맛있는 생선 요리를 먹을 수 있다.

직접 써 보기

1 - **휴일에 가고 싶은 곳**: 국립과천과학관
  - **가고 싶은 이유**:
    - 우주의 생성 원리를 알고 싶다.
    - 공룡 화석 모형을 직접 보고 싶다.
    - 여러 가지 과학 체험을 직접 해 보고 싶다.

2 ❶ 저는 이번 휴일에 과천에 있는 국립과학관에 가고 싶습니다.
  ❷ 거기에 가면 우주의 생성 원리를 알 수 있고, 공룡 화석 모형도 직접 볼 수 있기 때문에 꼭 가고 싶습니다.
  ❸ 게다가 국립과천과학관에는 직접 체험할 수 있 는 기구가 많아서 가게 되면 즐거운 경험을 쌓을 수 있을 것 같습니다.

3 국립과천과학관

저는 이번 휴일에 국립과천과학관에 가고 싶습니다. 국립과천과학관에는 우주의 생성 원리를 알 수 있는 여러 가지 자료가 있고, 공룡 화석 모형도 직접 볼 수 있게 되어 있습니다. 또, 거기에는 직접 체험할 수 있는 기구가 많이 있어서 가면 즐거운 경험을 할 수 있을 것입니다.

4 ▶ 국립과천과학관에 어떤 시설이 있는지, 또는 부모님이 구경하실 만한 체험관은 무엇이 있는지 알아볼 수 있어요.

5 ▶ 내가 그곳에 꼭 가고 싶다는 마음을 내 글을 읽는 사람이 충분히 느낄 수 있을 거예요.

6 ▶ 부모님이 좋아하는 것과 내가 좋아하는 것이 다를 수 있기 때문이에요.

ㄱ단원 여러 가지 글 익히기

01 그림 그리기 ⋯⋯⋯⋯⋯ pp. 140~141

연습하기

1 ㉠, ㉡

2 줄넘기 / 좋았습니다 / 괴로워했습니다[다리가 아픕니다, 넘어졌습니다]

▶ '사실'은 사실만 써야 하겠지만 '의견'은 각자의 생각이 다를 수 있어요.

직접 써 보기

1 ▶ 과일이나 채소 그림을 자유롭게 그려 보세요.

2 나는 딸기, 수박, 토마토, 브로콜리, 양배추와 같은 과일과 채소를 잘 먹는다.

3 그중에서 토마토가 들어간 요리는 내가 제일 좋아하는 음식이다.

4 어제 저녁으로 먹었던 베이컨 토마토 샐러드가 다시 먹고 싶다.

02 마인드맵 그리기 ⋯⋯⋯⋯⋯ pp. 142~143

연습하기

1 ㉡, ㉢

2 여행을 가고 싶습니다 / 성산일출봉과 한라산

직접 써 보기

1

2 나는 포유류와 어류를 좋아하고, 파충류와 곤충을 싫어한다.

3 예를 들어, 포유류인 개와 고양이를 좋아하고 곤충인 모기와 파리를 싫어한다.

4 어제 남동생이 내가 싫어하는 파충류인 이구아나를 키우겠다고 사 왔다.

03 책 읽고 생각이나 느낌 표현하기
·························· pp. 144~147

연습하기

1 ❶ ㉠ ❷ ㉡ ❸ ㉢

2

줄거리, 책에 대한 자신의 생각이나 느낌, 책을 읽은 이유, 책의 가격, 독서 감상문의 제목, 등장인물, 책을 구입한 날짜, 책을 산 장소

3 ㉠, ㉡, ㉢

4 ▷ 토끼와 거북이의 행동이나 상황을 떠올려 보세요. 토끼는 편하게 자고 있고, 거북이는 힘들게 걷고 있지만 굳은 의지가 보여요. 둘은 각각 어떤 얼굴을 하고 있을까 생각하며 표정을 그려 보세요.

직접 써 보기

1 ▷ 〈잭과 콩나무〉에 관한 그림을 자유롭게 그려 보세요.

2 아빠가 도서관에서 꼭 읽어 보라고 추천해 주셨다.

3 잭은 팔려던 소를 작은 콩 몇 개와 바꾸는데, 그것이 나중에 엄청난 행운으로 돌아온다는 이야기이다.

4 나는 콩 한 쪽이라도 우습게 보지 말아야겠다는 생각을 했다.

5

6 이 책은 선생님의 추천이 있었고, 표지가 재미있어 보여서 읽게 되었다.

7 잭은 콩나무를 타고 올라가서 거인의 물건을 훔치고 그것으로 부자가 된다.

8 나는 거인의 물건을 훔친 잭이 나쁘다고 생각했고, 콩나무에서 떨어져 죽은 거인이 불쌍했다.

04 덧셈과 뺄셈 문제 만들기
·········· pp. 148~151

연습하기

1 ❶ ㉡ ❷ ㉠

2 ・**은혜**: $1+5=6$
・**수영**: $3+4=7$
▷ 은혜는 모두 합하는 문제이고 수영이는 한 가지가 더 늘어나는 문제예요. 문제의 의미가 달라도 나타내는 식은 덧셈으로 같아요.

3 ❶ ㉠ ❷ ㉡

4 ・**지민**: $4-3=1$
・**충익**: $7-1=6$
▷ 지민이는 서로 비교하는 문제이고 충익이는 한 가지 양이 줄어드는 문제예요. 문제의 의미가 달라도 나타내는 식은 뺄셈으로 같아요.

직접 써 보기

1 $6+2=8$

2 ▷ 1번에서 만든 식에 맞춰 사람 6명과 차 2대를 합하는 모습을 〈보기〉처럼 그려 보세요.

3 사람이 여섯 명 있습니다.

4 자동차가 두 대 있습니다.

5 사람과 자동차의 수를 합치면 모두 몇이 될까요?

6 $6-2=4$

7

8 사탕이 여섯 개 있습니다.

9 동생이 사탕 두 개를 먹었습니다.

10 사탕은 몇 개가 남았나요?

05 계절 특징 설명하기 ⸳⸳⸳⸳⸳⸳⸳⸳⸳⸳⸳ pp. 152~155

연습하기

1 ❶ ⓛ ❷ ㄱ

2

특징	예
가을에 먹는 과일	배, 모과, 사과, 무화과
가을에 피는 꽃	코스모스, 분꽃, 방울꽃
가을에 활동하는 동물	잠자리, 다람쥐, 오소리
단풍이 드는 나무	은행나무, 느티나무, 벚나무

3 ❶ ㄱ ❷ ⓛ

직접 써 보기

1 ▶ 너무 더워서 옷을 벗고 땀을 흘리며 부채를 부치는 장면 등 자유롭게 그려 보세요.

2 여름은 온도가 높고 태양이 뜨겁습니다.

3 자주 그늘에서 휴식을 취하고 충분한 물을 마십 니다.

4 이렇게 하면 덥고 습한 여름 날씨에도 버틸 수 있 습니다.

5
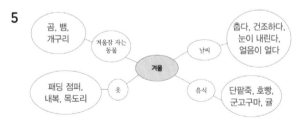

6 겨울은 날씨가 춥고 얼음이 업니다.

7 그래서 겨울에는 따뜻한 단팥죽이나 호빵, 군고구 마를 먹습니다.

8 또, 몸을 따뜻하게 하기 위해 패딩 점퍼와 내복을 입고 목도리를 걸칩니다.